AF391829

L'ART

DU CHANT

PARIS. — J. CLAYE, IMPRIMEUR

RUE SAINT-BENOIT

PIERFRANCESCO TOSI

L'ART DU CHANT

OPINIONS

SUR

LES CHANTEURS ANCIENS ET MODERNES

OU

Observations sur le Chant figuré

OUVRAGE IMPRIMÉ A BOLOGNE EN 1723

TRADUIT DE L'ITALIEN ET AUGMENTÉ D'EXEMPLES ET DE NOTES

PAR

THÉOPHILE LEMAIRE

Professeur de Chant

PARIS

J. ROTHSCHILD, ÉDITEUR

13, RUE DES SAINTS-PÈRES, 13

M DCCC LXXIV

AVERTISSEMENT

DU TRADUCTEUR

Pierfrancesco Tosi, né à Bologne vers
1650, fut un chanteur de grande renommée;
il passa la majeure partie de sa vie à parcourir l'Europe, ce qui lui procura l'avantage d'entendre les artistes les plus célèbres
de son temps, et lui permit d'écrire les
observations dont nous donnons ici une traduction.

Pendant le cours de ses nombreux voyages,
il se rendit en Angleterre, où il séjourna sous
les règnes de Jacques II, de Guillaume, de
George Ier et le commencement de celui de
George II; il mourut dans un âge fort

avancé, peu de temps après l'avénement au trône de ce dernier (1727).

Doué d'une très-grande vivacité d'esprit, qu'il conserva jusqu'à ses derniers jours, Tosi mettait tant d'expression, de charme et de passion dans sa manière de chanter, que les meilleurs musiciens d'alors s'estimaient fort heureux quand ils avaient l'occasion de l'entendre.

Après avoir perdu sa voix, il se livra à la composition et donna des preuves d'un talent remarquable dans ses cantates, qui sont d'un goût parfait, et dont le recueil se trouve encore en Angleterre : les récitatifs, le style pathétique et le style expressif étaient surtout les genres dans lesquels il excellait comme compositeur.

Protecteur zélé de tous les artistes qui se distinguaient dans la musique, il était d'une extrême sévérité pour ceux qui, par leur ignorance ou leur inconduite, se rendaient indignes de la profession.

La considération que lui accordait la noblesse anglaise et l'estime que lui témoigna particulièrement le comte de Peterborough en l'admettant dans sa maison, sont des preuves incontestables du rare mérite de notre auteur.

Personne, avant Tosi, n'avait écrit sur l'art du chant avec le discernement et la clarté qu'il a apportés dans *ses observations;* les développements, souvent minutieux, donnés à toutes les parties qu'il a traitées, indiquent certainement de profondes études et des connaissances très-étendues qui se trouvent justifiées dans tout le cours de l'ouvrage. Il est évident qu'il fut entraîné à écrire ces observations pour empêcher, s'il était possible, le torrent des passages d'agilité et des embellissements exagérés qui commençait à envahir l'art du chant, et dont l'extension devenait pernicieuse pour le style dramatique et le style expressif; cependant il ne condamne pas absolument la nouvelle école de la virtuosité, qui prenait naissance à cette époque (vers les premières années du XVIIIe siècle); il admet, au contraire, les ornements, les passages, les cadences, etc., mais à la condition expresse que le chanteur apportera dans leur choix un goût et un discernement parfaits et surtout la plus grande sobriété dans leur emploi.

Les éloges accordés à l'ouvrage de Tosi par Mancini (*Pensieri e Riflessioni pratiche sopra il canto figurato*), par Sulzer (*Théorie générale des beaux-arts*), par Framery, Ginguenée, Burney, et par un grand nombre de musiciens et de critiques érudits, me dispensent de m'étendre sur le mérite de ce livre. M. Manuel Garcia, dans son *Traité complet de l'art du chant*, Fétis, dans sa *Méthode des méthodes de chant*, en parlent aussi dans les meilleurs termes. Voici du reste, ce que dit Fétis, dans la *Biographie universelle des musiciens* : « L'ouvrage par lequel Tosi a établi sa réputation sur une base solide a pour titre : *Opinioni de' Cantori antichi e moderni, o sieno Osservazioni sopra il canto figurato. Bologna, 1723.* Les principes de l'ancienne et belle école du chant italien sont exposés dans cet ouvrage avec clarté, et sont accompagnés d'observations qui démontrent que Tosi fut un grand maître dans cet art. »

La traduction anglaise de ce livre, faite par Gaillard et dont la première édition parut à Londres en 1742, la seconde en 1743 ; celle en langue allemande, de Jean-Frédéric Agricola, qui fut publiée à Berlin en 1757, viennent encore confirmer la valeur et l'importance de cet ouvrage.

Ce livre, peu ou point connu en France, étant devenu d'une grande rareté, il nous a paru utile d'en faire une traduction française afin de donner à la génération actuelle des jeunes chanteurs une idée de ce qu'était l'art du chant au commencement du siècle dernier, de ce qu'on exigeait des maîtres et des élèves, et de la manière sévère, lente, mais certaine, dont se faisaient les études à l'époque où l'on vit briller des chanteurs tels que Balthasar Ferri, Pasi, Bernacchi, Carestini, Siface, Guadagni, Pacchiarotti, Giziello, Farinello, Caffarello et une foule d'autres, qui furent la gloire de l'art du chant.

Si le lecteur trouvait notre traduction défectueuse sous le rapport de l'élégance du langage, nous lui ferions observer que, en raison de la phraséologie beaucoup trop imagée de notre auteur, nous avons été souvent obligé de serrer de très-près le texte original pour être sûr d'en rendre le sens avec exactitude. Nous avons, du moins, cherché la clarté, ce qui n'était pas toujours facile, persuadé que, là où le sens est clair et intelligible, le style est moins répréhensible.

Dans tous les cas, l'exactitude et la fidé-

lité que nous avons apportées à cette traduction nous font espérer qu'elle sera
accueillie favorablement par toutes les personnes qui s'intéressent à l'art du chant.

THÉOPHILE LEMAIRE.

Paris, le 22 Mars 1874.

Nota. — Tosi n'ayant mis aucun exemple de musique dans son livre, tous ceux que nous avons intercalés dans le texte ont été pris dans la traduction anglaise de Gaillard, qui les a écrits spécialement pour cet ouvrage. Ces exemples ne pouvant être soupçonnés d'inexactitude, nous avons préféré les reproduire plutôt que d'en écrire nous-mêmes.

DÉDICACE DE L'AUTEUR

A SON EXCELLENCE

LORD PETERBOROUGH

MYLORD,

Je croirais manquer de reconnaissance si, avant de mourir, je ne faisais connaître au monde une partie des nombreuses faveurs qué Votre Grandeur *m'a si généreusement prodiguées en Italie, en Allemagne, en Flandre et en Angleterre. C'est surtout dans son parc enchanteur de* Pearson's Green, *qu'à mon grand honneur,* Votre Seigneurie *a daigné bien des fois me mettre à même d'admirer l'étendue de ces pensées profondes qui souvent deviennent des prophéties; mon admiration fut si grande qu'elle m'a empêché de contempler la beauté du site, les raretés de l'art et les prodiges de la nature*[1]. *Mais*

1. Dans le parc de Pearson's Green, il y a un arbre magnifique qui produit de superbes tulipes.

1.

quelle humble preuve pourrai-je vous donner, Mylord, de mes obligations infinies si je me fais gloire de les proclamer, et si la plus vive reconnaissance semble tourner à mon ambition? Il vaut mieux que, dans un respectueux silence, je les renferme au fond de mon cœur et qu'elles y restent gravées éternellement. Je réserve uniquement ma plume pour supplier Votre Grandeur d'accueillir avec bienveillance l'hommage de mon faible travail; le devoir qui incombe à tout professeur de conserver à la musique ses propres beautés me l'a particulièrement inspiré, ayant été le premier, ou l'un des premiers, à découvrir le génie de votre puissante et généreuse nation pour la musique. Quoi qu'il en soit, il est certain que je n'aurais jamais osé dédier ce travail à un Héros renommé par tant de glorieuses actions, si le chant ne faisait partie des délices de l'âme, et s'il se trouvait un esprit plus élevé que le vôtre.

C'est pourquoi, avec le plus profond respect, j'ose me dire De Votre Grandeur,

Le très-humble, très-dévoué et très-obligé serviteur,

PIERFRANCESCO TOSI.

AU LECTEUR

L'amour est une passion qui offusque l'intelligence. Si tu es chanteur, tu es mon rival; si tu es moderne, je suis ancien[1]; mais si la passion immense que nous avons pour la belle et excellente musique nous ôte la raison, soyons, du moins, également généreux dans nos moments lucides : Toi, en me pardonnant les erréurs que j'écris; Moi, en me montrant indulgent pour celles que tu commets. Puis, si pour ta gloire tu es un lettré, sache que pour ma honte, je suis un ignorant. Si tu ne me crois, lis ce qui va suivre.

1. Dans tout le cours de cet ouvrage, Tosi désigne par *Anciens* les chanteurs qui vivaient dans la seconde moitié du xviie siècle, et par *Modernes*. ceux qui existaient au commencement du xviiie.

INTRODUCTION

Les opinions des anciens historiens sur l'origine
de la musique sont fort différentes. Pline croit
qu'Amphion en fut l'inventeur; les Grecs soutiennent que ce fut Denis; selon Polybe on la doit aux
Arcadiens; Suidas et Boëce en attribuent toute la
gloire à Pythagore, et ils affirment que du son de
trois marteaux de forgeron, de poids différent, ce
philosophe a tiré la connaissance du diatonique,
auquel Timothée de Milète ajouta le chromatique
et Olympe l'enharmonique[1].

[1]. **M.** Vincent réfute cette ancienne tradition dans les
*Notices et Extraits des manuscrits de la Bibliothèque du Roi,
publiés par l'Institut royal de France, tome XVI, 2e partie,
page 266* :

« Le fragment suivant, le *cinquième,* extrait de l'*Hagio-
polite,* paraît être de nature à disculper, à venger en quelque
sorte l'antiquité d'une grave erreur qu'on lui prête assez
légèrement depuis quelques siècles, d'après les textes, tels
qu'ils nous sont parvenus, de Nicomaque, de Jamblique, de

Cependant on lit dans l'Écriture Sainte que Jubal, de la race de Caïn : *Fuit pater canentium citharâ, et organo*[1], instruments probablement composés de

Gaudence, de Boëce, de Macrobe. Suivant ces auteurs ce serait *d'après les poids des marteaux* dont il entendit le bruit en passant devant l'atelier d'un forgeron, que Pythagore fut conduit à la découverte des rapports numériques des sons de la gamme diatonique, découverte qui lui est en conséquence attribuée. Or, d'après le fragment qui suit, il devient parfaitement exact d'attribuer les différentes intonations des sons rendus à la différence des dimensions de ce vase, qui est ici le véritable corps vibrant et par conséquent sonore. Voici la traduction de ce fragment.

« Il faut donc savoir (car ceci n'est point un mystère, mais une ancienne tradition répandue parmi les Grecs) que Pythagore s'étant un jour arrêté près de l'atelier d'un chaudronnier de la ville, observa que les sons qui en sortaient étaient très-différents entre eux. Cependant, le métal que l'on y travaillait était le même ; l'outil dont se servaient les ouvriers était exactement le même ; enfin l'enclume sur laquelle ils forgeaient était la même aussi. Il dirigea en conséquence toutes ses recherches sur la cause d'où pouvait provenir la différence des sons qu'il avait entendus. Après avoir bien examiné et bien réfléchi, il finit par mettre le doigt sur la solution, en observant que les *vases* forgés, bien qu'uniformément sphériques, n'étaient pas tous semblables entre eux ; car en les pesant, il trouva les uns plus lourds, les autres plus légers : il comprit donc que c'était de là que provenait la différence des sons produits par leur percussion ; et il conclut, par analogie, qu'il en devait être du volume ou de la ténuité des voix comme de la grandeur ou de la petitesse des vases, et qu'ainsi telle était la cause de la différence des tons. »

1. DE LA SALETTE (*Considérations sur les divers systèmes*

plusieurs cordes harmonieuses ; ce qui donnerait à entendre que l'origine de la musique remonte à une époque peu éloignée de la création du monde.

Afin de fixer ses lois, la musique admit divers préceptes des mathématiques qui, après quelques démonstrations de lignes, de nombres et de proportions, lui permirent de prendre le nom de fille des mathématiques et lui firent mériter le titre de science.

On peut supposer que pendant des milliers d'années la musique fit les délices du genre humain ; car le plaisir extrême qu'en tiraient les Lacédémoniens décida la république à exiler le musicien Timothée, de peur que la musique ne corrompît leurs mœurs et ne leur fît négliger toutes les vertus civiques et militaires [1].

de musique ancienne et moderne) explique ce passage de la manière suivante :

« Jubal fuit pater canentium citharâ et organo. » *Genèse*, chap. iv, § 21. Ce passage montre formellement que Jubal fut l'inventeur de tous les arts qui constituent la musique ; c'est-à-dire du chant, des instruments à cordes, des instruments à vent et des instruments de percussion, etc., etc. Voir tome Ier, pages 1 et suivantes.

1. Timothée, qui était né 346 ans avant J.-C., fut banni de Sparte pour avoir changé le style de leur ancienne musique, qui, avant lui, paraît avoir été très-simple. Voici le décret du Sénat qui nous a été conservé par Boëce : « Attendu que Timothée le Milésien, en venant dans notre cité, a déshonoré notre ancienne musique et méprisé la lyre à sept

Il me paraît toutefois impossible que cette science se soit jamais montrée avec autant de grandeur et de beauté que dans ces derniers siècles, lorsque, avec la plus douce et la plus noble majesté, elle apparut au grand esprit de Palestrina et imprima à son beau génie sa divine originalité, afin qu'il pût servir d'exemple immortel à la postérité. En effet, par la douceur de son harmonie, la musique est arrivée à un degré si élevé (grâce à l'intelligence sublime des grands maîtres de nos jours), que, mise au rang des arts libéraux, elle pourrait, avec justice, prétendre à la suprématie[1]. Nous en

cordes; que, par l'introduction d'une plus grande variété de notes, l'augmentation du nombre de cordes de la lyre et la nouveauté de sa mélodie, il a corrompu les oreilles de notre jeunesse et donné à notre musique une manière artificielle et efféminée, au lieu du genre simple et régulier qu'elle avait eu jusqu'ici, qu'il a rendu la mélodie infâme en composant dans le genre chromatique au lieu de l'enharmonique; le Roi et les Éphores ont résolu de le soumettre à la censure, de l'obliger à retrancher les trois cordes ajoutées par lui à la lyre, et de le bannir de notre cité; que les hommes apprennent par cet exemple à n'y introduire aucunes nouvelles coutumes. » « STRAFFORD, *Histoire de la Musique.* »

1. Pierluigi da Palestrina, né vers 1529 à Palestrina, fut l'élève et l'ami de Goudimel, Français qui fonda une école de musique à Rome en 1540. De cette savante école sont sortis les Allegri, les Valentini et tant d'autres compositeurs admirables.

La mélodie et le style de Palestrina, qui sont aussi parfaits que ses ouvrages sont nombreux, peuvent le faire regarder comme le Raphaël de la musique. A l'époque où Tosi

trouvons la preuve dans la douce impression que, plus que les autres arts, elle produit sur notre âme; cette impression est si suave, que nous nous sentons portés à croire que la musique fait partie de cette béatitude qui nous est promise au paradis.

Après avoir constaté ces avantages, le mérite des chanteurs devrait être reconnu, en raison des difficultés qu'ils ont à vaincre; car, en supposant à un chanteur l'intelligence nécessaire pour surmonter aisément toutes les difficultés des compositions les plus ardues, une voix parfaite et le talent de s'en servir avec art, il ne méritera pas pour cela le titre d'artiste éminent, s'il ne joint à ces qualités une grande vivacité d'esprit, don naturel qui n'est pas nécessaire dans les autres arts.

J'ajouterai enfin que les poëtes, les peintres, les architectes, les sculpteurs et les compositeurs de musique eux-mêmes, ont tout le temps nécessaire pour corriger et perfectionner leurs œuvres, avant de les soumettre au jugement du public. Mais pour le chanteur qui commet une erreur, il n'y a pas de remède : une fois la faute commise, elle ne peut être corrigée.

écrivait ses observations, on ne chantait, à la chapelle Sixtine, que la musique de ce grand compositeur et le fameux *Miserere* d'Allegri. Palestrina mourut en 1594, et Goudimel, son maître, périt à Lyon en 1572, lors de la Saint-Barthélemy.

On voit par là quelle doit être l'application de ceux qui sont forcés de ne pas se tromper dans les productions soudaines de l'esprit, et quelle étude doit faire celui qui a besoin d'assujettir à un art si difficile une voix livrée à des mouvements presque toujours différents : il est plus aisé de l'imaginer que de l'écrire.

Toutes les fois que je me mets à réfléchir sur l'incapacité d'un grand nombre de maîtres, et sur les abus infinis qu'ils tolèrent et qui rendent inutiles l'application et l'étude de leurs élèves, j'avoue ingénûment que je ne puis assez m'étonner de ce que, parmi tant de maîtres distingués qui ont écrit sur toutes les branches de la musique pour faciliter des études laborieuses, pas un, que je sache, n'ait essayé de faire connaître autre chose que les premiers éléments, en évitant de démontrer les règles les plus nécessaires pour bien chanter. Qu'on ne vienne pas dire que les compositeurs, occupés seulement d'écrire, et les instrumentistes d'accompagner, ne doivent pas se mêler de ce qui regarde les chanteurs, car j'en connais plus d'un parfaitement capables de donner des preuves du contraire. Dans la troisième partie de ses *Institutions harmoniques*, chapitre 46, l'incomparable Zarlino[1], à peine a-t-il

1. « Zarlino (Joseph), savant musicien et écrivain célèbre sur la musique, naquit à Chioggia, dans l'État vénitien, au commencement de l'année 1519. Le livre dont il est ici ques-

commencé à critiquer sévèrement ceux qui, de son temps, chantaient d'une manière défectueuse, qu'il s'arrête court. Cependant, je crois que s'il s'était étendu sur cette matière, ses critiques, quoique vieillies de près de deux siècles, pourraient encore servir au goût raffiné de notre temps. De plus justes reproches pourraient être adressés à la négligence de beaucoup de chanteurs célèbres, qui peuvent d'autant moins justifier leur silence que, doués d'une intelligence supérieure, ils ne peuvent arguer de leur modestie, car la modestie cesse d'être une vertu dès qu'elle est préjudiciable à l'intérêt public.

C'est pourquoi, mû, non par une vaine ambition, mais par le seul désir d'être utile aux chanteurs, je me suis décidé (non sans répugnance) à exposer le premier aux yeux du monde les observations qui vont suivre, afin d'ajouter, si cela m'est possible, quelques lumières qui puissent venir en aide aux maîtres, aux élèves et aux chanteurs.

Premièrement, je chercherai à faire comprendre quels sont les devoirs du maître pour bien enseigner à un commençant; secondement, je parlerai de

---

tion, a pour titre : *Istituzioni harmoniche, divise in quattro parti, nelle quali, oltre le materie appartenenti alla musica, si trovano dichiarati molti luoghi de' poeti, historici e filosofi.* Il a paru trois éditions de ce livre : la première en 1558, la seconde en 1562 et la troisième en 1573. »

(Fétis, *Biographie universelle des Musiciens.*)

ce que l'on doit exiger de l'élève ; et en dernier lieu, par des réflexions plus approfondies, je tâcherai de faire connaître au chanteur médiocre les moyens d'arriver à une plus grande perfection.

Je ne me dissimule pas la difficulté d'une entreprise que je pourrais qualifier de téméraire ; mais, quand même les résultats ne répondraient pas à mon intention, j'aurai du moins la consolation d'avoir excité les autres à traiter cette matière plus amplement et d'une façon plus correcte.

Si l'on trouvait que je pouvais me dispenser de publier des choses connues de tous les chanteurs, l'on pourrait se tromper ; car il y a un grand nombre de ces observations que je n'ai jamais entendu faire par d'autres et que je puis considérer comme m'appartenant ; il est donc probable qu'elles ne sont pas connues de tout le monde. Je souhaite, seulement, qu'elles reçoivent l'approbation des personnes douées d'intelligence et de goût.

L'imprimerie étant impuissante à reproduire les exemples, il serait superflu de dire que, la plupart du temps, l'enseignement verbal n'est utile aux chanteurs que pour les empêcher de commettre des erreurs. Si le succès de mes observations répond à mon attente, je me verrai encouragé à pousser plus loin mes découvertes au profit de l'art ; dans le cas contraire, confus mais non surpris, j'attendrai en paix que les maîtres veuillent bien publier, sous leur nom, ma propre ignorance, afin que je puisse me désabuser et les remercier.

J'ai l'intention de démontrer une quantité d'abus et de défauts qui, de nos jours, se sont répandus dans la république chantante, afin qu'ils puissent être corrigés s'ils existent réellement; mais je ne voudrais pas que les personnes qui, par faiblesse d'esprit ou par manque d'étude, ne pourraient ou ne voudraient pas s'en corriger, m'attribuassent le malicieux projet de les peindre au naturel avec leurs imperfections; je proteste hautement contre une semblable supposition. Si, par trop de zèle, j'attaque les erreurs avec peu de douceur, j'honore ceux qui les commettent : le proverbe espagnol m'enseignant que *la satire retombe toujours sur son auteur,* et le christianisme disant quelque chose de plus à celui qui a de la religion.

Je parle en général, et si quelquefois j'arrive au particulier, que l'on sache bien que je n'ai devant les yeux d'autre modèle que moi-même, chez qui il y a eu et il y a encore trop matière à critiquer, sans la chercher ailleurs.

I

OBSERVATIONS POUR CELUI QUI ENSEIGNE A UN SOPRANO

Les défauts s'insinuent si facilement dans l'esprit des enfants pendant les études musicales, et il est si difficile de rencontrer des personnes capables de les corriger dès le début, qu'il serait à désirer que les chanteurs éminents se décidassent à entreprendre une tâche si délicate, puisque, mieux que personne, ils connaissent les moyens d'y remédier, et qu'avec plus d'habileté ils peuvent conduire l'élève depuis les premiers éléments jusqu'à la perfection. Mais, comme aujourd'hui, si je ne me trompe, il n'y a pas un seul de ces grands artistes qui n'ait ma proposition en horreur, on est obligé de les réserver pour cette perfection de l'art dans laquelle consiste véritablement ce doux enchantement qui charme si bien le cœur.

Il faut donc que l'enseignement des éléments appartienne à un chanteur médiocre, jusqu'à ce que l'élève soit arrivé à un certain degré de perfection ; mais il est indispensable que ce chanteur soit de mœurs irréprochables, soigneux, expérimenté, qu'il ne chante ni du nez, ni de la gorge, qu'il ait une agilité suffisante de la voix, quelque lueur de bon goût, une intonation parfaite, et surtout qu'il soit doué d'une patience capable de résister à la dure fatigue de la plus ennuyeuse mission.

Un maître doué de ces qualités si nécessaires doit, avant de se livrer à l'enseignement, lire les quatre vers de Virgile : *Sic vos non vobis, etc.,* qui semblent avoir été composés pour lui.

Après les avoir bien médités, qu'il consulte ses propres forces ; car pour me servir d'une expression vulgaire, il est pénible, quand on a soif, d'offrir du vin aux autres et de n'en pas boire soi-même. Si l'avenir est favorable à celui qui chante, il est juste qu'il le soit aussi à celui qni enseigne[1].

1. Virgile avait fait les vers suivants à la louange d'Auguste et les avait affichés aux portes du palais sans en nommer l'auteur :

> Nocte pluit totâ, redeunt spectacula mane
> Divisum imperium cum Jove Cesar habet.

En voici la pensée :

> Il pleut toute la nuit et Jupiter fait rage,
> César fait revenir le calme avec le jour,
> C'est ainsi que tous deux opèrent leur partage,
> Et qu'ils gouvernent tour à tour.

Auguste chercha vainement qui pouvait avoir fait ces vers.

Avant tout, le maître doit s'assurer, avec une oreille désintéressée, que celui qui désire apprendre possède la voix et qu'il a les dispositions nécessaires pour chanter, s'il ne veut pas être obligé de rendre à Dieu un compte sévère de l'argent qu'il

Dans cette incertitude, un poëte médiocre nommé Bathyle eut la hardiesse de se les attribuer, et s'attira par là les faveurs de l'Empereur. Virgile afficha, alors, sur les mêmes portes ce commencement de pentamètre répété quatre fois, dont le sens demeurait suspendu :

Sic vos non vobis. . . . .

Auguste souhaita de voir ces vers achevés, plusieurs l'entreprirent en vain. Alors Virgile écrivit, au-dessous des vers qui louaient Auguste, un hexamètre avec les pentamètres imparfaits dont on vient de parler, et dont il remplit la mesure et le sens :

Hos ego versiculos feci; tulit alter honores.
(C'est moi qui fis ces vers : un autre en a eu la gloire.)

Sic vos non vobis nidificatis aves,
Sic vos non vobis vellera fertis oves,
Sic vos non vobis mellificatis apes,
Sic vos non vobis fertis aratra boves.

Traduction de ces quatre vers, tirée de la *Bradamante* de Garnier (4ᵉ acte), tragi-comédie donnée en 1582.

Ainsi, pour vous, oiseaux, au bois vous ne nichez ;
Ainsi, mouches, pour vous aux champs vous ne ruchez ;
Ainsi, pour vous, moutons, vous ne portez la laine ;
Ainsi, pour vous, taureaux, vous n'écorchez la plaine.

La vérité reconnue, Bathyle fut la fable de la ville, et Virgile vit augmenter sa réputation.

(*Vie de Virgile, par un auteur incertain.*)

aura fait dépenser inutilement aux parents, et en faisant perdre à l'élève un temps précieux qu'il aurait pu employer plus utilement à une autre profession. Je ne parle pas au hasard. Les anciens maîtres distinguaient le riche qui voulait s'appliquer à la musique pour son agrément, du pauvre qui cherchait dans cette étude des moyens d'existence : au premier ils enseignaient par intérêt, au second par charité, si, au lieu d'argent, ils découvraient en lui les capacités propres à en faire un artiste. Très-peu de maîtres modernes refusent des élèves, et pourvu que ceux-ci les payent, peu leur importe de les ruiner par leur rapacité et de déshonorer la profession.

Messieurs les maîtres, on n'entend plus en Italie les belles voix qu'on y entendait jadis, particulièrement parmi les femmes; pour la confusion des coupables, je vais en dire la raison : l'ignorance ne permettant pas aux parents de reconnaître les défauts de la voix de leur fille, et la misère les portant à croire que chanter et s'enrichir sont une seule et même chose, ils s'imaginent que pour apprendre la musique, il suffit d'avoir un joli minois : pouvez-vous instruire celles-là?

Vous pouvez peut-être enseigner à celles pour qui le chant . . . . . La pudeur ne veut pas que j'aille plus loin.

Si le maître a de l'humanité, il ne conseillera

amais à l'élève de perdre une partie de ses sentiments honnêtes, peut-être au détriment de son âme.

De la première leçon jusqu'à la dernière, le maître doit se rappeler qu'il est responsable de tout ce qu'il aura négligé d'enseigner et de tous les défauts qu'il n'aura pas corrigés.

Qu'il soit d'une sévérité juste et modérée, de manière à se faire respecter sans se faire haïr. Je sais qu'il n'est pas facile de trouver un juste milieu entre la rigueur et la douceur; mais je sais aussi que les extrêmes sont pernicieux, qu'une trop grande rigueur fait naître l'obstination et qu'une excessive indulgence amène le mépris.

Je ne parlerai pas des notes, de leur valeur, de la mesure, de la division des temps, des pauses, des accidents, ni des autres principes élémentaires de la musique qui sont généralement connus.

Outre la clef d'*ut*, le maître doit enseigner à l'élève à lire toutes les autres clefs, afin qu'il ne se trouve pas dans le cas de certains chanteurs qui, dans les compositions *alla capella*[1], ne savent pas distinguer le *mi* du *fa* sans le secours de l'orgue, parce qu'ils n'ont aucune connaissance de la clef de *sol*. Ce manque d'instruction est cause que l'on entend souvent, dans les temples consacrés au ser-

---

1. Musique d'église, où on n'indique ni les bémols ni les dièzes.

(GAILLARD, *auteur de la traduction anglaise.*)

vice du Seigneur, des dissonances aussi indécentes que honteuses pour ceux qui avancent en âge sans connaître les notes. Je manquerais de sincérité si je ne déclarais que les maîtres qui n'enseignent pas des règles aussi essentielles pêchent par négligence ou par ignorance.

Ensuite, le maître fera apprendre à lire les notes par bémol, particulièrement dans les compositions qui, ayant quatre bémols à la clef, demandent le plus souvent un cinquième accident à la sixte pour que l'élève puisse y trouver le *mi;* ce qui n'est pas trop facile pour l'ignorant qui croit que toute note bémolisée se nomme *fa*[1]. Si cela était vrai, il serait superflu que les notes fussent au nombre de six, quand cinq porteraient le même nom. Les Français ont sept notes, ce qui épargne aux élèves la fatigue d'apprendre les muances en montant et en descendant; mais nous autres Italiens nous n'avons qu'*ut, ré, mi, fa, sol, la,* qui suffisent également pour toutes les clefs à qui sait les lire.

1. Jusqu'au milieu du xie siècle on se servait, pour exprimer les sons, des lettres a, b, c, d, e, f, g, auxquelles Gúy d'Arezzo substitua les six syllabes *ut, ré, mi, fa, sol, la,* qu'il prit de l'hymne de Saint Jean-Baptiste. Cependant les sons se produisant de sept en sept, et Guy n'ayant donné que six noms, il fallait à tout moment *muancer,* c'est-à-dire nommer toujours *mi-fa* les notes qui formaient un demi-ton.

Comme on ne connaissait pas le *si,* et qu'on n'avait pour

Le maître doit apporter tous ses soins à la parfaite intonation des notes dans l'étude du solfége. Celui qui n'a pas l'oreille délicate ne devrait jamais se mêler d'enseigner et encore moins de chanter ; car rien n'est plus intolérable que les défauts d'une voix qui monte et qui descend comme le flux et le reflux de la mer. Qu'il y réfléchisse donc avec la plus grande attention : tout chanteur qui n'a pas la voix juste perd immédiatement ses plus belles prérogatives. Je puis dire, sans mensonge (faisant toutefois exception en faveur d'un très-petit nombre de chanteurs), que l'intonation moderne est très-mauvaise[1].

nommer les notes que *ut, ré, mi, fa, sol, la,* on nommait *mi* ce que nous appelons aujourd'hui *si,* et on s'y préparait une note d'avance ; au lieu de dire comme nous le faisons.

demi-ton   demi-ton
ut, ré, mi, fa, sol, la, si, ut,

On disait :

muance
ut, ré, mi, fa, sol, ré, mi, fa.

On nommait donc toujours *mi-fa* les deux notes formant un demi-ton.

Voir pour plus de détails :

1° LABORDE, *Essai sur la musique ancienne et moderne.*

2° D'ORTIGUE, *Dictionnaire de plain chant.*

3° BROSSARD, *Dictionnaire de musique.*

4° DOM JUMILHAC, *La Science et la Pratique du plainchant,* et autres.

1. On lit ce qui suit dans le *Dictionnaire encyclopédique*

2.

Dans cette même étude du solfége, il doit chercher à conduire peu à peu la voix de l'élève vers
les notes aiguës, afin que, par un exercice modéré
et habilement dirigé, elle puisse acquérir toute
l'étendue possible; mais qu'il ne perde pas de vue
que plus les sons sont hauts, plus il faut les abor-

des amusements des sciences mathématiques et physiques :
« Une belle voix est, sans contredit, préférable à tous les
instruments. Quel regret n'ont pas bien des personnes d'avoir
la voix fausse? mais ce défaut n'est pas le plus ordinairement un vice de l'organe, qui dans presque tous les hommes
est construit de même : tout le mal vient des oreilles ; c'est
dans ces organes une inégalité de force qui fait que chacune
des oreilles éprouvant une sensation de son inégale, on
entend nécessairement des sons faux, et que la voix est
nécessairement fausse, parce que l'on cherche à chanter
comme l'on croit entendre chanter les autres. Vandermonde,
médecin français, né en 1727, a fait une expérience bien
simple, qu'il rapporte dans son *Essai sur la manière de perfectionner l'espèce humaine; Paris, 1756, 2 vol. in-12,* et
que l'on peut répéter sur les enfants qui s'annoncent avec une
voix fausse, afin d'y apporter rémède dans cet âge tendre où
les organes sont encore susceptibles de modifications.

La voici telle qu'il l'a décrite : « Je choisis un jour serein,
je me plaçai dans un lieu spacieux, je fixai un endroit que je
ne quittai pas, et que je réservai pour faire mes expériences ;
je bouchai ensuite indifféremment une des oreilles de la personne qui servait à ces nouvelles épreuves ; je la fis reculer
et s'éloigner de moi, jusqu'à ce qu'elle n'entendît plus la son-
nerie d'une montre à répétition que je tenais dans mes mains,
ou du moins jusqu'à ce que le son du timbre ne produisît
qu'une très-faible impression sur son organe ; je la priai de
s'arrêter dans cet endroit : j'allai aussitôt à elle, je lui

der avec douceur et précaution pour éviter les cris[1].

Il doit faire entonner les demi-tons selon les véritables règles de l'art. Beaucoup de personnes ignorent qu'il y a deux demi-tons, le demi-ton majeur et le demi-ton mineur ; parce que, sur l'orgue et le clavecin, on ne peut pas apprécier la différence de ces deux demi-tons qui sont faits par les mêmes touches.

débouchai son oreille et lui rebouchai l'autre, en observant de lui faire fermer la bouche, de peur que le son ne se communiquât à l'oreille par la trompe d'Eustache ; je retournai à ma place marquée, et je recommençai à faire sonner ma montre ; pour lors elle fut toute surprise de s'apercevoir qu'elle entendait passablement ; je lui fis signe de s'éloigner encore jusqu'à ce qu'elle n'entendît presque plus. Il résulte de ces expériences, que dans les personnes qui ont la voix fausse, il y a dans les oreilles inégalité de force ; le moyen d'y remédier dans les enfants est de s'assurer par cette expérience quelle est l'oreille la plus faible ; alors on ne peut mieux faire, à ce que je crois, dit Vandermonde, que de la boucher autant qu'il est possible, et de profiter de ce temps précieux pour exercer souvent l'oreille la moins forte, sans cependant la fatiguer. Celle qui est ainsi accoutumée à travailler seule se fortifiera, tandis que l'autre sera toujours dans le même degré de force. On essayera de temps en temps de rendre l'ouïe à l'enfant pour le faire chanter, et pour savoir si les deux oreilles sont au même degré de sensibilité : c'est ainsi que l'on peut corriger ce défaut naturel, et rendre à tout le monde la voix juste. »

1. Si, de nos jours, cette recommandation, si juste et si utile, était prise en considération, nous verrions les voix se développer heureusement, au lieu de s'anéantir et de se briser quelquefois avant la fin des études.

Le ton se divise en neuf parties presque insensibles que les Grecs nommaient *commas* (si je ne me´ trompe), c'est-à-dire *la plus petite partie d'un ton,* et qu'en italien on nomme *comme;* cinq de ces commas constituent le demi-ton majeur et quatre le demi-ton mineur. Cependant il y en a qui pensent que le ton n'est composé que de sept commas et qu'il en faut quatre pour le demi-ton majeur et trois pour le demi-ton mineur; mais ma faible intelligence n'apprécie pas cette division, parce que l'oreille n'aurait aucune difficulté à distinguer la septième partie d'un ton, tandis qu'elle en trouve une grande à en apprécier la neuvième. Si l'on chantait toujours au son de ces deux instruments (l'orgue et le clavecin), cette connaissance serait inutile; mais depuis que les compositeurs ont admis l'usage d'introduire dans leurs opéras une foule d'airs accompagnés seulement par les instruments à archet, la distinction du demi-ton est absolument nécessaire : par exemple, si un soprano entonne le *ré dièze* aigu comme le *mi bémol,* celui qui a l'oreille délicate s'aperçoit de suite qu'il chante faux, parce que cette dernière note est plus haute que le *ré dièze.*

Celui qui ne serait pas satisfait de cette explication n'aura qu'à lire les nombreux auteurs qui ont traité cette matière et à consulter les violonistes. Dans les parties intermédiaires, il n'est pas facile de saisir cette différence, quoique, à mon avis, tout ce qui se divise soit appréciable. Je parlerai plus longuement de ces deux demi-tons dans le chapitre de l'appoggiatura, afin qu'ils ne soient jamais confondus l'un avec l'autre.

Que le maître enseigne à l'élève à franchir tous les intervalles de la gamme avec une intonation prompte et parfaite, et qu'il le tienne appliqué à cette étude, même au-delà du besoin, s'il veut le voir chanter à première vue en peu de temps.

S'il ne connaît pas la composition, il fera bien de se procurer de bons solféges écrits dans des styles différents, et il passera insensiblement du facile au difficile, selon les progrès de l'élève; mais il est indispensable que les difficultés de ces solféges soient bien graduées, naturelles et de bon goût, afin que l'élève s'y applique avec plaisir et les apprenne sans ennui.

Le maître doit veiller avec le plus grand soin à ce que, dans les deux registres de poitrine et de tête, l'émission de la voix soit claire et pure, sans être nasale ni gutturale; ces deux défauts, les plus horribles chez un chanteur, sont impossibles à corriger lorsqu'ils sont passés à l'état d'habitude.

Par suite de leur manque d'expérience, quelques maîtres de solfége obligent l'élève à soutenir les semi-brèves (rondes) sur les notes élevées, en forçant la voix de poitrine; il en résulte que de jour en jour la gorge s'enflamme un peu plus, et si le malheureux ne perd pas entièrement la voix, il perd tout au moins les notes aiguës.

Beaucoup de maîtres, ne sachant pas reconnaître la voix de fausset chez leurs élèves, leur font chanter le contralto pour s'éviter la peine de la chercher.

Un maître intelligent, qui sait qu'un soprano sans voix de fausset est forcé de chanter dans une étendue fort restreinte, fait tous ses efforts pour la lui faire acquérir, et ne néglige rien pour que l'union de la voix de poitrine et de la voix de fausset soit si parfaite, qu'on ne puisse les distinguer l'une de l'autre. Si l'union de ces deux registres n'est pas parfaite, la voix reste inégale et perd de sa beauté. L'étendue naturelle de la voix de poitrine s'arrête ordinairement à l'*ut* du quatrième espace ou au *ré* de la cinquième ligne[1]; là commence la voix de fausset pour monter vers les notes aiguës, ou pour reprendre la voix naturelle ou de poitrine; toute la difficulté consiste donc dans l'union de ces deux registres, qui, si elle est négligée, entraîne infailliblement la ruine de l'élève : que le maître comprenne bien toute l'importance de cette étude.

Parmi les femmes qui chantent le soprano, on en rencontre quelquefois qui n'ont que le registre

---

1. Il s'agit de la clef d'*ut* première ligne.

de poitrine; mais les garçons conservent très-rarement la voix de soprano de poitrine au delà de l'enfance.

Celui qui aurait la curiosité de découvrir la voix de fausset chez un élève qui ne sait pas la faire entendre, doit faire attention qu'en se servant de ce registre, celui-ci exprime, avec plus de force et moins de fatigue, la voyelle *i* que la voyelle *a*, sur les notes aiguës.

La voix de tête offre une grande facilité pour l'agilité, elle possède les cordes supérieures plus que les cordes graves ; elle a le trille rapide ; mais elle est sujette à s'altérer, à cause de son manque de force.

Le maître doit faire articuler nettement les voyelles, de manière qu'on les distingue parfaitement les unes des autres. Certains chanteurs croient former le son de la première voyelle *a*, tandis qu'ils font entendre celui de la deuxième *e*; si la faute n'est pas imputable au maître, elle vient, certainement, de l'erreur de ces chanteurs qui, à peine sortis de l'école, s'efforcent de chanter avec affectation, comme s'ils avaient honte d'ouvrir un peu plus la bouche; d'autres, enfin, peut-être parce qu'ils l'ouvrent trop, confondent ces deux voyelles avec la quatrième, et alors il n'est plus possible de comprendre s'ils ont dit : *Balla* ou *Bella; Sesso* ou *Sasso; Mare* ou *More*.

L'élève doit toujours chanter debout, pour que la voix puisse disposer de toute sa force; il doit avoir une pose noble, en chantant, afin de plaire par la dignité de son maintien.

Le maître doit apporter un soin rigoureux à corriger les grimaces du visage et les contorsions du corps; il doit surtout veiller à ce que la bouche ait toujours la grâce du sourire (autant que le permettent les paroles) plutôt qu'une expression de gravité sévère.

Qu'il fasse étudier l'élève toujours au diapason de Lombardie, et non à celui de Rome, non-seulement pour lui faire acquérir les notes aiguës, et les lui faire conserver, mais aussi pour qu'il ne soit jamais gêné par les instruments d'un diapason élevé[1]. La fatigue du chanteur qui ne peut atteindre les notes hautes est aussi pénible pour l'auditeur que pour celui qui chante. Que le maître se souvienne de ce précepte; car avec l'âge la voix

1. Paolucci, religieux cordelier, né à Sienne en 1727, et élève du Père Martini, affirme, dans son *Arte pratica di contrappunto...* publiée en 1765, que depuis longtemps il existait en Italie trois sortes de diapasons : le *lombard* était le plus haut, le *romain* était plus bas d'une tierce mineure, de telle sorte que le *ré* de Milan correspondait au *fa* de Rome ; le diapason *vénitien* tenait le milieu entre les deux; depuis, ce dernier diapason s'est insensiblement élevé au ton de celui de Milan.

(LICHTENTHAL, *Dictionnaire de Musique.*)

va toujours en baissant, et par suite de ce déclin le soprano se trouve contraint de chanter le contralto; ou, si par une stupide vanité, il a la prétention de conserver le titre de soprano, il se verra forcé de se recommander à chaque compositeur afin que sa partie ne dépasse pas l'*ut* du quatrième espace, et que, même, elle ne s'y arrête pas trop.

Si tous ceux qui enseignent les éléments du chant savaient se pénétrer de ces règles, et faire réunir les registres de poitrine et de fausset, de manière à rendre imperceptible le passage de l'un à l'autre de ces registres, nous n'aurions pas aujourd'hui une si grande disette de soprani.

Que le maître apprenne à l'élève à soutenir les sons, sans que la voix hésite ou vacille; celui-ci retirera plus de fruit de ses premières études, s'il commence par des notes soutenues pendant deux mesures; autrement, vu la disposition qu'ont les commençants à mouvoir la voix, et la fatigue qu'ils éprouvent à la soutenir, l'élève ne s'habituera jamais à la bien poser et elle aura indubitablement cette espèce de tremblement si fort en usage parmi les chanteurs de mauvais goût. En même temps, il lui enseignera l'art d'émettre la voix, lequel consiste à commencer le son pianissimo et à le conduire insensiblement du pianissimo au fortissimo, puis à le ramener avec la même respiration du fortissimo au pianissimo. Une belle *mise de voix* dans la bouche d'un chanteur qui en use avec modération, et seulement sur les voyelles ouvertes, produit toujours un excellent effet. Très-peu de chanteurs modernes la trouvent de leur goût, soit qu'ils aiment mieux la volubilité de la voix, soit pour éviter toute ressemblance avec ces *odieux anciens*. Mais, par cela même, ils font un tort manifeste au rossignol, inventeur de cette volubilité, et que tout le talent des hommes n'arrivera jamais à imiter, à moins que quelqu'un de ces charmants oiseaux ne se mette à chanter à la mode.

Que le maître ne se lasse pas de faire solfier l'élève aussi longtemps qu'il le jugera nécessaire ; s'il le fait vocaliser trop tôt, il ne sait pas son métier.

Ensuite, il lui fera commencer l'étude de la vocalisation sur les trois voyelles ouvertes, principalement sur la première, mais cependant, pas toujours sur la même, comme cela se pratique aujourd'hui. Par cet exercice répété fréquemment, l'élève ne confondra pas l'une avec l'autre, et il pourra aborder plus facilement les paroles unies à la 'musique. Lorsque l'élève aura fait des progrès remarquables dans cette nouvelle étude, le maître pourra lui faire connaître les appogiatures qui sont les premiers ornements du chant, et lui apprendre la manière de les appliquer à la vocalisation ; il lui enseignera successivement l'art de glisser[1] la voix en vocalisant, et de la traîner[2] avec suavité de l'aigu au grave ; ces études, bien qu'absolument nécessaires pour bien chanter, sont presque toujours négligées par les maîtres inexpérimentés.

Si le maître a l'imprudence de faire chanter les paroles avant que **l'élève** n'ait une connaissance complète du solfége et de l'appoggiatura appliquée à la vocalisation, il le ruinera sans retour.

1. Notre auteur entend par glisser : bien lier toutes les notes entre elles, et ne pas laisser tomber ni traîner lourdement la voix dans les intervalles un peu grands, de l'aigu au grave.

2. Traîner la voix : c'est partir d'un son aigu pour atteindre un son grave, *et vice versa,* en faisant entendre, pour ainsi dire, une gamme chromatique ; cette manière était usitée dans l'ancienne école italienne, mais elle est presque généralement rejetée aujourd'hui. Le célèbre ténor Donzelli en faisait un grand usage.

II

DE L'APPOGGIATURA

Parmi tous les embellissements du chant il n'y en a pas de plus facile à enseigner pour le professeur, ni de plus facile à apprendre pour l'élève, que l'appoggiatura. Outre son propre charme, elle possède encore l'unique privilége de se faire entendre souvent et de ne pas ennuyer, pourvu qu'elle ne s'écarte pas des limites qui lui sont prescrites par le bon goût des chanteurs.

Depuis que l'appoggiatura a été inventée pour embellir l'art du chant, on n'a pas encore pénétré, jusqu'à ce jour, les raisons qui font qu'elle ne peut être employée en toute liberté. Après avoir vainement cherché ces raisons auprès des chanteurs éminents, j'ai pensé que la science musicale doit avoir ses règles, et qu'il faut faire tous ses efforts pour arriver à les découvrir. Je ne sais si je peux me flatter d'avoir réussi ; mais, quand même cela ne serait pas, les connaisseurs verront, du moins, que je suis arrivé bien près de cette découverte. Cependant, traitant ici d'une matière qui est totalement le résultat de mes propres observations, je dois espérer plus d'indulgence pour ce chapitre que pour les autres, si je me suis trompé.

La pratique m'enseigne[1] :

1° Que de *ut* à *ut* à l'octave, un chanteur peut

1. Il est opportun de donner ici une courte explication sur la qualité des demi-tons telle qu'on l'entendait à l'époque où notre auteur écrivait.

On désignait, alors, par le nom de *demi-ton majeur* le demit-on diatonique formé par deux notes de nom différent :

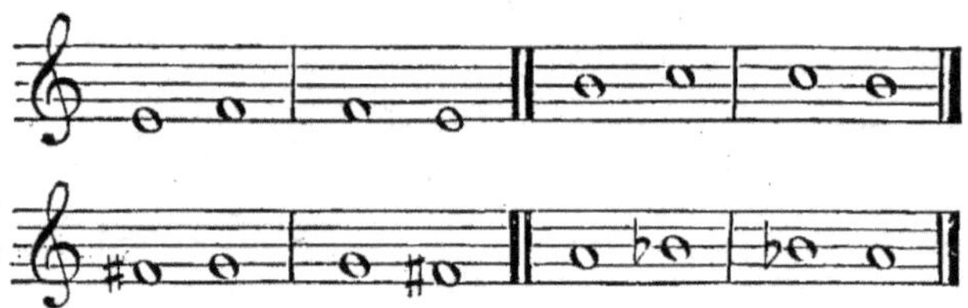

et on nommait *demi-ton mineur* le demi-ton chromatique formé par deux notes de même nom :

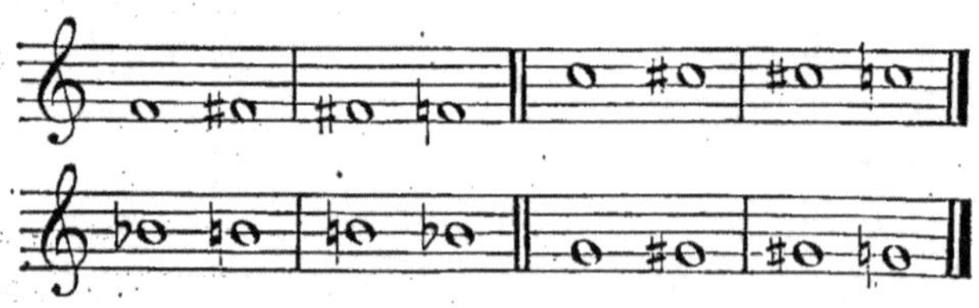

Nota. — Cette théorie se trouve tout à fait en contradic-

monter ou descendre par degrés conjoints avec l'appoggiatura, en passant sans difficulté par les cinq tons et les deux demi-tons qui composent l'octave.

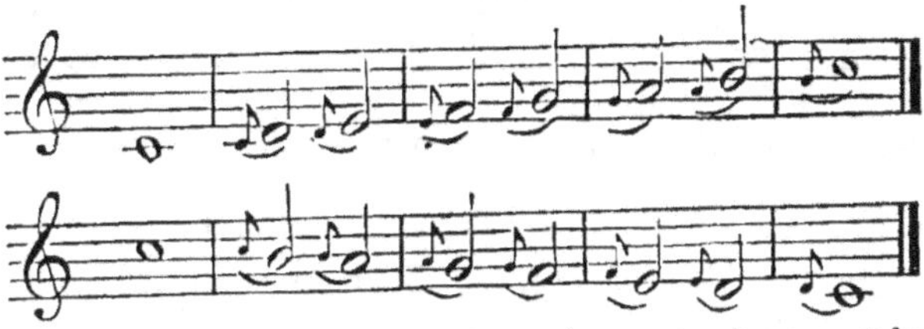

Dans cet exemple les tons sont majeurs et mineurs, et les demi-tons, majeurs.

2° Que de toute note affectée d'un dièze accidentel se trouvant dans cette octave, on peut monter par degré conjoint d'un demi-ton sur la

tion avec celle admise par les musiciens modernes : aujourd'hui, on nomme *demi-ton majeur* celui qu'on nommait autrefois demi-ton mineur, c'est-à-dire le demi-ton chromatique, et *demi-ton mineur* celui qu'on appelait demi-ton majeur, c'est-à-dire le demi-ton diatonique.

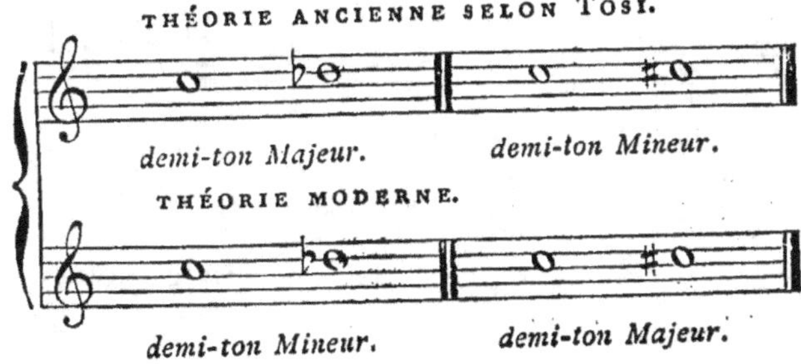

note voisine avec l'appoggiatura et redescendre
de même.

Les demi-tons de cet exemple sont majeurs.

3° Que de toute note naturelle, on peut monter
d'un demi-ton avec l'appoggiatura sur toutes les
notes qui sont affectées d'un bémol.

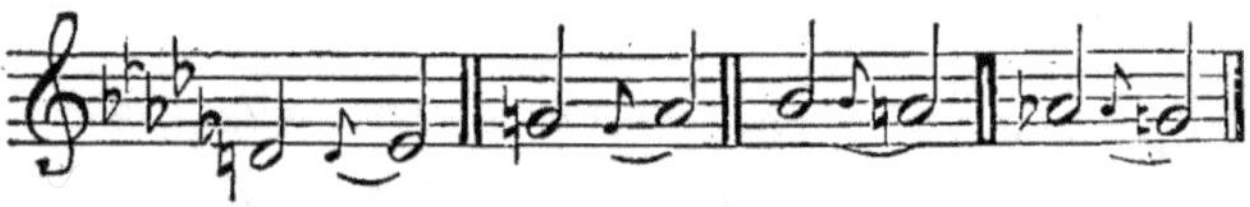

Tous ces demi-tons sont majeurs.

Je m'aperçois en revanche :
1° Que du *fa,* du *sol,* du *la,* de l'*ut* et du *ré,* on
ne peut monter par demi-ton avec l'appoggiatura
dès que l'une de ces notes se trouve affectée d'un
dièze.

Tous ces demi-tons sont mineurs.
On voit par cet exemple que l'appoggiatura ne peut être
placée sur un demi-ton mineur ou chromatique.

2° Qu'on ne peut passer par degrés conjoints
avec l'appoggiatura, des tierces mineures de la

basse aux tierces majeures, ni des tierces majeures aux tierces mineures.

Tous ces demi-tons sont mineurs.

3° Que deux appoggiatures consécutives ne peuvent aller par demi-tons d'un ton à un autre.

L'un de ces demi-tons est mineur ou chromatique, l'autre est majeur ou diatonique.

4° Que de toute note ayant un bémol, on ne peut monter d'un demi-ton avec l'appoggiatura.

Ici les demi-tons sont mineurs.

Finalement, là où l'on ne peut monter avec l'appoggiatura, l'on ne peut descendre non plus.

La pratique nous indiquerait les raisons de toutes ces règles si elles les connaissait. Voyons si

elles pourront être pénétrées par celui qui est
obligé de les expliquer.

La théorie enseigne que, l'octave étant composée
de douze demi-tons inégaux, il est nécessaire de
distinguer les demi-tons majeurs des demi-tons
mineurs; pour cela, il est bon que l'élève consulte
les tétracordes. Mais les auteurs les plus fameux
qui ont traité de cette matière, ne sont pas d'accord
sur la qualité des demi-tons; les uns soutiennent
que les deux demi-tons entre *do* et *ré* et ceux entre
fa et *sol* sont égaux, tandis que les autres prétendent
le contraire, ce qui nous laisse toujours dans le doute.

Cependant, l'oreille, arbitre et juge suprême
dans l'art de la musique, semble me dire que
l'appoggiatura discerne avec tant de précision la
qualité des demi-tons, qu'il suffit d'observer sur
quels intervalles elle se dirige de préférence, pour
connaître les demi-tons majeurs. Ainsi, comme
elle se fait avec une grande satisfaction pour
l'oreille du *mi* au *fa,* on doit croire que ce demi-
ton est majeur; et on ne peut nier qu'il le soit.
Mais si elle se fait si facilement du *mi* au *fa,* d'où
vient qu'elle ne peut monter de ce *fa* au *fa dièze*
suivant, qui pourtant, n'est qu'un intervalle d'un
demi-ton? L'oreille me répond, que c'est parce que
ce demi-ton est mineur. Je crois donc pouvoir conclure que ce qui enlève à l'appoggiatura une grande
partie de sa liberté, vient de ce qu'il ne lui est

pas permis de passer par degré conjoint d'un demi-
ton majeur à un demi-ton mineur, ni d'un demi-
ton mineur à un demi-ton majeur; cependant, je
m'en remets toujours au jugement des connaisseurs.

L'appoggiatura peut aussi aller à une note
éloignée, pourvu que l'intervalle soit franchi avec
une grande justesse; dans ce cas, celui dont l'intonation est douteuse ne sait pas chanter[1].

Puisqu'il n'est pas possible, comme je l'ai déjà
dit, qu'un chanteur monte par degrés conjoints
avec l'appoggiatura, d'un demi-ton majeur à un
demi-ton mineur, le bon goût lui enseigne qu'il
peut monter d'un ton pour descendre ensuite à ce
demi-ton avec l'appoggiatura:

Il peut aussi monter à ce demi-ton sans l'appoggiatura, avec une mise de voix croissante:

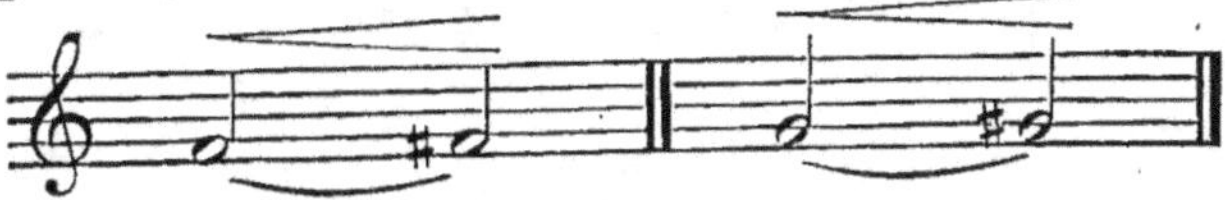

1. 1º Toute note s'élevant à un intervalle disjoint, avec
l'appoggiatura, monte toujours à la note supérieure avec un
accent plus ou moins marqué :

2º Toute note descendant à un intervalle disjoint avec

On peut encore employer l'appoggiatura comme

l'appoggiatura, arrive à la note inférieure avec une espèce de trille court :

3° On ne peut monter ni descendre avec l'appoggiatura à un intervalle de tierce majeure ou mineure :

4° Mais on peut très-bien le faire en procédant par degrés conjoints :

5° Les exemples suivants sont considérés comme faux et impraticables :

on le voit dans l'exemple suivant, sur certains
intervalles disjoints :

Dès que l'élève sera bien instruit de ces préceptes, les appoggiatures lui deviendront si familières par un travail continuel, qu'à peine sorti des
premières leçons, il se rira de ces compositeurs qui
écrivent les appoggiatures afin de se faire passer
pour modernes, ou pour donner à entendre qu'ils
pratiquent l'art du chant mieux que les chanteurs.
Si ces compositeurs ont un si beau talent, pourquoi
n'écrivent-ils pas aussi les *passages* qui sont bien
plus difficiles et beaucoup plus essentiels que les
appoggiatures? S'ils écrivent ces dernières pour ne
pas perdre le glorieux titre de *virtuoses à la mode,*
ils devraient au moins s'apercevoir que cela leur
coûte moins de fatigue et beaucoup moins d'étude.
Pauvre Italie! Dites-moi, de grâce, est-ce que les
chanteurs d'aujourd'hui sont incapables de savoir
où doivent se faire les appoggiatures, si on ne le
leur montre pas du doigt? De mon temps, l'intelligence seule les indiquait. Qu'un blâme éternel
retombe sur celui qui, le premier, a introduit ces
puérilités étrangères chez notre nation qui se vante
d'enseigner aux autres peuples la majeure partie

des beaux-arts, et particulièrement l'art du chant!
Combien est grande la faiblesse de ceux qui suivent
un pareil exemple! Quelle injure pour vous, chanteurs modernes, qui souffrez de pareilles instructions, tout au plus bonnes pour les enfants. Les
ultramontains méritent d'être imités et estimés,
mais seulement dans les choses où ils excellent.

III

DU TRILLE

On rencontre deux grands obstacles dans l'exécution parfaite du trille. Le premier de ces obstacles
embarrasse le maître, parce que, jusqu'à présent,
on n'a pu trouver de règle infaillible pour surmonter les difficultés que présente cet ornement ; le
second rebute l'élève, parce que la nature, peu prodigue envers le plus grand nombre, n'accorde le
trille qu'à fort peu de personnes. L'impatience du
maître se joignant au désespoir de l'élève, amène
le premier à renoncer à enseigner le trille et le
second à le travailler. Dans ce cas, le maître est
doublement coupable, en ne remplissant pas son
devoir et en laissant l'élève dans l'ignorance. Il
faut donc lutter contre les difficultés et avoir la
patience de les surmonter.

Qu'on demande aux grands chanteurs si le trille

est nécessaire à celui qui chante; ils savent mieux que personne combien ils lui ont d'obligation, alors que, surpris par une distraction soudaine ou arrêtés par la stérilité d'un esprit lourd, ils ne pourraient cacher au public la fâcheuse pauvreté de leur talent, si le trille ne venait promptement à leur secours.

Celui qui possède le trille dans toute sa perfection, fût-il privé de tout autre ornement, a toujours l'avantage d'arriver facilement aux cadences, où cet agrément est généralement fort essentiel; mais celui qui ne sait pas le faire, ou qui ne le possède que défectueux, ne sera jamais un grand chanteur, quelle que soit son instruction dans l'art du chant.

Donc, le trille étant d'une si grande importance pour le chanteur, le maître doit chercher, par des exemples exécutés avec la voix ou au moyen d'un instrument, à faire acquérir à l'élève un trille égal, battu, distinct, facile et d'une rapidité modérée; ces qualités sont les plus belles de cet ornement.

Dans le cas où le maître ignorerait combien il y a de trilles, je dirai que l'art ingénieux des chanteurs a trouvé le moyen de s'en servir sous tant de formes diverses (formes dont les trilles tirent leurs noms), que franchement on peut en compter huit espèces différentes.

Le premier est le trille majeur, qui se reconnaît par le mouvement rapide de deux tons voisins, dont l'un peut être nommé principal, parce qu'il occupe avec plus de force la place de la note qui le demande, et dont l'autre, quoique possédant le son supérieur avec son mouvement, n'y figure que comme auxiliaire :

De ce trille naissent tous les autres.

Le second est le trille mineur, composé d'un demi-ton majeur :

Les compositions indiquent suffisamment les endroits où l'on peut faire usage de l'un ou de l'autre de ces trilles ; cependant le premier trille est toujours exclu des cadences inférieures. S'il n'est pas facile de découvrir chez les chanteurs la différence qui existe entre ces deux trilles, quoique cette différence soit d'un demi-ton, on doit en attribuer la cause au peu de force de la note auxiliaire. Outre que ce trille est d'une exécution plus difficile que le premier, tous les chanteurs ne savent pas le faire comme il doit être exécuté, et la négligence passe en usage. Les personnes qui ne sauraient reconnaître cette différence sur les instruments ne doivent en accuser que l'insuffisance de leur oreille.

Le troisième est le demi-trille que son nom désigne suffisamment :

Celui qui possède le premier et le second trille apprend facilement le demi-trille par l'art de le serrer un peu plus en le quittant presque aussitôt qu'il s'est fait entendre, et en y ajoutant un peu de brillant; c'est pourquoi il plaît davantage dans les airs gais que dans les airs pathétiques.

Le quatrième est le trille ascendant, qui se fait en montant imperceptiblement de demi-ton en demi-ton en trillant, de manière que cette progression ascendante soit insensible :

Le cinquième est le trille descendant, qui consiste à descendre de demi-ton en demi-ton en trillant, de manière à rendre insensible à l'oreille la progression descendante [1]:

Ces deux trilles sont passés de mode depuis que le bon goût en a fait justice, et il faut même les oublier. Celui qui a l'oreille délicate repousse également le pédantisme des anciens et les abus des modernes.

Le sixième est le trille lent, dont le nom indique les qualités. Celui qui ne l'étudierait pas ne perdrait pas pour cela le titre de bon chanteur, puis-

1. Balthasar Ferri, né à Pérouse le 9 décembre 1610, avait la voix la plus belle, la plus étendue, la plus flexible, la plus douce et la plus harmonieuse que l'on pût entendre; d'une seule respiration il montait et descendait deux octaves pleines, en faisant toujours le *trille,* et marquant tous les degrés connus aujourd'hui sous la dénomination de chromatiques, avec tant de justesse, et même sans accompagnement, que si l'orchestre touchait inopinément la note sur laquelle il se trouvait, soit bémol, soit dièze, on entendait un accord si parfait qu'il surprenait les auditeurs (MANCINI, *Pensieri e Riflessioni pratiche sopra il canto figurato.*)

que s'il est seul, c'est un trémolo affecté, et qu'ensuite s'il s'unit peu à peu au premier ou au second
trille, il me semble qu'il ne peut plaire, tout au
plus, que la première fois :

Le septième est le trille redoublé, qui se fait en
intercalant quelques notes au milieu du trille majeur ou du trille mineur, ce qui permet de faire
trois trilles d'un seul. Ce trille est d'un bel effet
quand les quelques notes intercalées sont de cordes
différentes et chantées avec assurance. Lorsqu'il
est fait doucement sur les notes aiguës par une
belle voix qui le possède, avec la plus rare perfection, et qui ne le fait pas entendre trop souvent,
il est impossible qu'il déplaise, même aux en-
vieux :

Le huitième est le trille mordant, qui a le don
d'être l'un des ornements les plus agréables de l'art
du chant; la nature l'enseigne plus que l'art. Il
naît avec plus de rapidité que les autres, mais à
peine né, il doit mourir. Il est d'une grande res-

source pour le chanteur qui sait l'introduire de temps en temps dans les passages (ainsi que je le dirai dans le chapitre de ce nom); et celui qui comprend bien l'art du chant s'en prive rarement, immédiatement après l'appoggiatura. Pour mépriser ce trille, l'ignorance seule ne suffit pas :

Tous ces trilles, leur substance bien examinée, se réduisent à un petit nombre, c'est-à-dire aux plus nécessaires, qui, plus que les autres, demandent la plus grande application de la part du maître. Je sais, et je ne l'entends que trop, que l'on chante sans employer le trille ; mais il ne faut pas imiter l'exemple de ceux qui n'étudient pas suffisamment.

Pour que le trille soit beau, il doit être préparé ; mais la préparation n'est pas toujours exigée, parce que souvent ni la mesure ni le goût ne permettent de la faire ; cependant la préparation est nécessaire dans presque toutes les cadences finales et dans divers autres endroits, selon la nature de la composition, tantôt sur le ton, tantôt sur le demi-ton au-dessus de la note sur laquelle se fait le trille.

Le trille a de nombreux défauts qu'il faut éviter. Autrefois le trille long (c'est-à-dire d'une longue durée) jouissait mal à propos d'une grande faveur, comme cela a lieu aujourd'hui pour les passages; mais depuis que l'art s'est perfectionné, on l'a abandonné aux trompettes ou à ceux qui, pour un bravo de la populace, ne craignent pas de s'exposer à courir le risque d'éclater : le trille qui se fait entendre souvent ne plaît pas, quelle que soit la perfection apportée dans son exécution; celui qui est battu d'un mouvement inégal déplaît; le trille chevroté provoque l'hilarité, parce qu'il se produit dans la bouche comme le rire de l'homme ou comme le bêlement de la chèvre; le trille parfait se fait par le mouvement du larynx : celui qui est fait par deux voix en tierce est désagréable; le trille lent ennuie; celui qui n'est pas d'une intonation parfaite est affreux.

Le trille étant d'une nécessité absolue, le maître doit exercer l'élève à le travailler sur toutes les voyelles et dans toute l'étendue de sa voix, non-seulement sur des blanches, mais aussi sur des croches; c'est ainsi qu'avec le temps l'élève apprend à faire le demi-trille, le mordant, et qu'il acquiert la facilité de le former, même au milieu des passages rapides.

Lorsque l'élève possède franchement le trille, le maître doit chercher à reconnaître s'il a la même facilité pour le quitter, car beaucoup de personnes ont le défaut de ne pouvoir quitter le trille à vo-

lonté. Quant à enseigner les endroits où le trille
doit être placé en dehors de la cadence et ceux où
il doit être défendu, c'est une leçon qui est réservée
à la pratique, au bon goût et à l'intelligence.

IV

DU PASSAGE[1]

Quoique le passage n'ait pas par lui-même la force suffisante pour produire cette douce suavité qui pénètre l'âme, et que, la plupart du temps,

1. Le Passage est une suite ou succession de notes montant ou descendant uniformément :

(Note et exemple extraits de la traduction anglaise de Gaillard.)

Voici maintenant la définition donnée par le docteur Pietro Lichtenthal dans son *Dictionnaire de musique* : « Passaggio. Espèce d'ornement mélodieux qui consiste en plusieurs sons qui se succèdent par degré ou par saut, et vont tomber sur

il ne soit employé que pour faire admirer chez un chanteur l'heureux don d'une voix flexible, il est néanmoins de la plus grande importance que le maître en instruise l'élève, afin que celui-ci puisse l'exécuter avec une rapidité facile et une intonation parfaite. Lorsque le passage est bien exécuté et placé aux endroits convenables, il commande les applaudissements et rend le chanteur capable de chanter dans tous les styles.

Le maître, en laissant la voix de l'élève s'habituer à la paresse et à la négligence, met celui-ci dans l'impossibilité de faire des progrès. Tout élève qui n'a pas la voix d'une grande agilité dans les compositions d'un mouvement rapide, aussi bien que dans les andante, ennuie à mourir, par une lenteur insupportable qui lui fait retarder tant et si bien tout ce qu'il chante, qu'à la fin, il est presque toujours hors du ton.

Selon l'opinion générale, il y a deux espèces de passages : le battu (ou marqué), et le glissé (ou lié). Ce dernier, par sa lenteur, me paraît plutôt

une syllabe du texte ou sur une note principale. Ils sont indiqués par le compositeur, ou quelquefois ajoutés par l'exécutant. Il est bien entendu que ces passages doivent être inspirés par un goût délicat et venir en aide à l'expression, autrement ils ne serviraient qu'à faire briller le talent du chanteur, ce qui n'est pas du tout le but auquel doit tendre celui qui écrit un opéra. »

mériter le nom de *passo* que celui de passage. En enseignant le premier, le maître doit apprendre à l'élève ce mouvement très-léger de la voix par lequel toutes les notes qui composent le passage doivent être articulées dans une égale proportion et modérément détachées, afin qu'elles ne soient ni trop liées ni trop battues (ou marquées)[1].

Le second se forme de manière à ce que toutes les notes qui suivent la première soient étroitement liées entre elles par degrés conjoints, et avec une telle égalité de mouvement, qu'en chantant, la voix imite un certain glissement que les chanteurs nomment *scivolo*, et dont les effets sont très-agréables lorsqu'on s'en sert rarement[2].

Le passage battu, étant le plus en usage, demande un grand exercice.

L'emploi du passage glissé est très-limité dans le chant, et son étendue est bornée à un si petit nombre de notes montantes et descendantes par degrés conjoints, qu'il ne peut dépasser la quarte sans déplaire ; il me paraît être plus agréable à l'oreille lorsqu'il descend que quand il monte.

Le passage traîné consiste dans une succession de notes diverses traînées avec beaucoup d'art,

---

1. Les notes de ce passage doivent être exécutées dans le genre du staccato du violon, mais moins détachées.

2. Ce passage doit être exécuté en liant bien les notes, comme on le ferait d'un seul trait d'archet sur le violon.

avec le forte et le piano ; je parlerai plus loin de la beauté de ce passage.

Si le maître presse insensiblement le mouvement lorsque l'élève chante les passages, il trouvera ce moyen très-efficace pour délier la voix et lui faciliter la rapidité du mouvement ; mais il faut qu'il prenne garde qu'avec le temps cette imperceptible altération de la mesure ne dégénère en une habitude vicieuse ; qu'il lui apprenne à battre les passages avec la même agilité, soit en montant, soit en descendant ; quoique cet enseignement soit élémentaire, l'exécution n'en est pas commune à tous les chanteurs.

Après l'étude des passages par degrés conjoints, qu'il lui apprenne à exécuter avec la plus grande assurance tous ceux composés d'intervalles plus difficiles ; ces passages, faits avec promptitude et une grande justesse d'intonation, sont préférés aux autres.

L'étude de cet enseignement demande plus de temps et de travail qu'aucune autre, non-seulement à cause des difficultés qu'elle présente, mais aussi pour les heureuses conséquences qui en résultent ; en effet, le chanteur familiarisé avec les passages les plus ardus n'éprouve plus aucune crainte.

Que le maître ne néglige pas d'enseigner à son élève la manière d'entremêler quelquefois dans les passages le forte avec le piano, le *scivolo* (glissé) avec les notes battues, et d'y intercaler le demi-trille, particulièrement sur les notes pointées, pourvu qu'elles ne soient pas trop près l'une de l'autre ; cette étude est excellente pour faire connaître à l'élève tous les embellissements de l'art du chant.

De toutes les leçons sur les passages, la meilleure est celle qui apprend à y introduire de temps en temps le mordant (ou trille court), si l'élève possède cet ornement naturellement ou par le secours de l'art ; mais le maître doit lui indiquer avec intelligence les endroits où il produit les meilleurs effets. Cela n'étant pas du domaine de celui qui enseigne les premiers éléments, et encore moins de celui qui commence l'étude du chant, il eût mieux valu en parler plus loin (ce que j'eusse fait peut-être), si je ne savais qu'il y a des élèves doués d'une si grande pénétration, qu'en peu d'années ils deviennent d'excellents chanteurs, et qu'il ne manque pas de maîtres possédant une instruction proportionnée à l'intelligence de leurs élèves ; par ces raisons, il ne m'a pas paru convenable de négliger cet objet dans ce chapitre des passages, parmi lesquels le mordant tient la plus belle place.

Que le maître ne souffre pas que l'élève chante les passages avec inégalité dans la mesure et dans le mouvement, ni qu'il les marque avec la langue,

le menton ou avec toute autre grimace du visage
ou contorsion du corps.

Tout maître sait que les passages sont de très-
mauvais goût sur la troisième et la cinquième
voyelles, mais tous ne savent pas que dans les
bonnes écoles, on ne les permet même pas sur la
deuxième ni sur la quatrième, lorsque ces deux
voyelles doivent être prononcées fermées. Il se
présente dans l'exécution des passages un grand
nombre de défauts qu'il est bon de connaître afin
de les éviter, outre celui de chanter du nez ou de
la gorge et d'autres dont il a été parlé.

On ne peut supporter un chanteur qui ne sait
ni battre ni glisser les passages, car dans ce cas
il ne chante pas, il hurle[1].

---

1. Les Italiens ont pour principe qu'on peut donner à la
voix toute la force et l'extension dont elle est susceptible,
sans jamais aller jusqu'à *crier*. Je ne connais dans toute leur
musique qu'une seule exception à cette règle; et nous avons
l'honneur de leur avoir fourni, dans cette occasion unique,
l'expression propre à désigner un *cri* et même plus qu'un
simple *cri*.

Dans la *Sophonisbe* du célèbre Traëtta, cette reine se
jette entre son époux et son amant qui veulent sortir pour se
combattre. « Cruels, leur dit-elle, que faites-vous? Si vous
voulez du sang, frappez, voilà mon sein »; et comme ils
s'obstinent à sortir, elle s'écrie : « Où allez-vous? Ah! non. »
Sur cet *Ah!* l'air est interrompu. Le compositeur, voyant
qu'il fallait ici sortir de la règle générale, ne sachant comment exprimer le degré de voix que l'actrice devait donner,

Les passages sont encore plus ridicules lorsqu'ils sont battus trop fortement et avec une telle augmentation de la voix que, dans ce cas, le chanteur cherchant à former le passage sur la voyelle, *a* fait entendre un son douteux qui, au lieu de *a*, laisse croire qu'il dit ga, ga, ga ; il en est de même pour les autres voyelles. Mais le pire de tous les défauts est de les chanter faux.

Le maître doit savoir qu'une bonne voix devient meilleure quand elle est émise avec aisance, mais lorsqu'elle est agitée par le mouvement rapide des passages dans lesquels elle n'a pas le temps de se reconnaître, elle devient médiocre et quelquefois tout à fait défectueuse si le maître y met de la négligence.

Dans les siciliennes, les trilles et les passages sont des erreurs ; mais le *scivolo* (glissé) et le *strascino* (traîné) y sont au contraire délicieux.

Toute la beauté du passage consiste dans la

a mis au-dessus de la note *sol,* entre deux parenthèses : *un urlo francese,* un hurlement français. Il n'est pas inutile de remarquer que Traëtta ne parlait point ainsi par préjugé. Il connaissait la France, où il avait passé plusieurs fois dans ses voyages ; et c'était en connaissance de cause qu'il nommait hurlement français le *cri* le plus aigu que pût former la voix humaine. »

(GINGUENÉ. *Encyclopédie méthodique, Dictionnaire de musique.*)

4.

justesse de l'intonation, le battu, le perlé, l'égalité, la netteté et la vélocité.

Les passages sont exposés au même sort que les trilles : ils charment tous deux s'ils sont employés aux endroits convenables ; mais si on ne les réserve pas pour les occasions favorables, la trop grande quantité engendre l'ennui, l'ennui amène le mépris, le mépris l'aversion, et finalement ils deviennent odieux.

Lorsque l'élève possédera avec assurance le trille et le passage, le maître devra lui faire lire et prononcer avec soin les paroles, en évitant ces grossières et ridicules erreurs d'orthographe qui consistent à enlever à un mot ses doubles consonnes pour en gratifier un autre dont les consonnes sont simples [1].

Dès que la prononciation sera corrigée, le maître devra faire articuler les mêmes paroles sans affectation, distinctement, et de manière qu'elles soient entendues sans qu'on en perde une syllabe ; sans une bonne prononciation, le chanteur prive les auditeurs d'une grande partie du charme que le chant reçoit des paroles, et il en exclut la force et la vérité. Si les paroles ne sont pas entendues distinctement, on ne fait plus de différence entre la voix humaine et les sons d'un cornet ou d'un haut-

---

1. Comme *ereur* pour *erreur*, *horeur* pour *horreur*.

bois; ce défaut, quoique très-grand, fort préjudiciable aux exécutants et nuisible à l'exécution,
est à peu près général aujourd'hui; cependant, les
chanteurs ne devraient pas ignorer que c'est par
les paroles qu'ils s'élèvent au-dessus des instrumentistes, eussent-ils les uns et les autres une
intelligence égale.

Que le maître moderne sache profiter de cet
avis, car la correction des vices de la prononciation
n'a jamais été si nécessaire qu'elle l'est aujourd'hui.

Que le maître fasse accentuer les syllabes sous
les notes, afin que l'élève acquière de l'assurance,
qu'il ne soit arrêté par aucun obstacle et qu'il ne
tâtonne pas en chantant; qu'il lui défende surtout
de respirer au milieu d'un mot, car un mot coupé
par une respiration est une faute contre nature
qu'il faut toujours éviter si l'on ne veut pas s'exposer aux moqueries des auditeurs; cette règle
n'est pas si rigoureusement observée dans les
mouvements interrompus ou dans les passages de
longue durée, lorsqu'on ne peut les chanter d'une
seule respiration [1]. Anciennement, cette recomman-

---

1. On trouve dans d'anciennes méthodes de chant des
règles qui indiquent la manière de respirer au milieu d'un
mot ou entre deux mots dont le premier finit et le second
commence par une voyelle. Cependant, cette manière de respirer n'était permise que dans le cas où il y avait impossibilité d'arriver à la fin de la phrase avec la même respiration.

dation n'était nécessaire que pour les commençants ; mais aujourd'hui, que cet abus, sorti des écoles modernes, s'est propagé en grandissant, il est devenu trop habituel à ceux qui ont des prétentions au talent. Il est facile au maître de corriger ce défaut, en apprenant à l'élève à bien diriger sa respiration, à en prendre un peu plus qu'il n'est nécessaire, mais jamais de manière à fatiguer la poitrine.

Dans chaque morceau, le maître doit indiquer à l'élève les endroits où il faut respirer et lui apprendre à le faire sans fatigue ; il y a des chanteurs qu'il est pénible d'entendre parce qu'ils respirent à chaque mot comme les asthmatiques et qu'ils arrivent aux dernières notes d'un morceau exténués, haletants et à demi morts.

Si l'élève a une mémoire malheureuse, le maître doit chercher des moyens d'émulation qui excitent son amour-propre et le poussent à l'étude. (Quelquefois l'amour-propre a plus de puissance que le génie.) Il peut, par exemple, lui faire étudier la leçon de son camarade ; s'il ne se trouve pas humilié de la comparaison, peut-être apprendra-t-il cette leçon plus vite que la sienne. Le maître ne doit jamais permettre qu'en chantant, l'élève tienne sa musique devant son visage, et cela afin que le son de sa voix ne soit pas étouffé, et pour ne pas le rendre timide.

Il doit aussi l'habituer à chanter en présence de personnages distingués par leur naissance et d'artistes éminents, pour lui faire perdre peu à peu toute crainte, et lui donner la hardiesse nécessaire, sans le rendre arrogant. La hardiesse est la première condition de la fortune et devient un mérite chez un chanteur. Au contraire, le chanteur timide est fort malheureux, car suffoqué par la difficulté de la respiration, sa voix tremble toujours et le met dans la nécessité d'opérer fréquemment un mouvement de déglutition ; il souffre alors de ne pouvoir faire usage de son talent ailleurs que chez lui, il mécontente ceux qui l'écoutent, et il défigure tellement les morceaux qu'il chante, qu'il les rend méconnaissables. Or, un chanteur timide est aussi malheureux qu'un prodigue accablé par la misère.

Que le maître ne néglige pas de démontrer à l'élève combien est grande l'erreur de ceux qui font des trilles, des passages ou qui prennent leur respiration sur des notes syncopées ou liées :

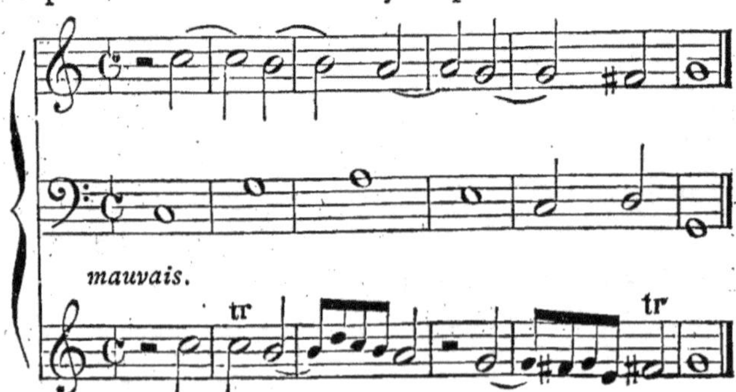

Il doit lui faire sentir le bon effet que produit
une voix bien soutenue, parce qu'alors, au lieu
de perdre, les compositions acquièrent une plus
grande beauté.

Le maître doit apprendre à l'élève à pratiquer
le *forte* et le *piano;* mais il doit l'exercer davantage sur le premier que sur le second, attendu
qu'il est plus facile de faire chanter piano celui
qui chante fort, que de faire chanter fort celui qui
chante piano; l'expérience nous enseigne que le
piano est préjudiciable à la voix, parce qu'il
trompe en amusant, et que celui qui chante souvent piano s'expose à perdre la voix. A ce propos,
il existe un préjugé parmi les musiciens, suivant
lequel il y aurait un *piano* artificiel produisant
le même effet que le forte; ce préjugé est la
source de toutes les erreurs : ce n'est pas par le
secours de l'art que l'on entend le *piano* d'un bon
chanteur, mais bien grâce au profond silence de
ceux qui l'écoutent attentivement; cela est si vrai
que, si un chanteur médiocre reste court en scène
lorsqu'il devrait chanter, on verra bien vite les
auditeurs, curieux de connaître les motifs de cette
pause inattendue, devenir tellement silencieux que
si, à ce moment, le chanteur prononce un mot,
même à voix basse, il sera entendu des personnes
les plus éloignées de la scène.

Le maître doit se rappeler que celui qui ne

chante pas rigoureusement en mesure, ne peut jamais mériter l'estime des personnes intelligentes; il doit donc tenir à ce qu'il n'y ait aucune altération, ni diminution dans la mesure, s'il a la prétention de bien enseigner et de faire de bons élèves.

Si dans certaines écoles les livres de musique d'église et les madrigaux sont ensevelis dans la poussière, un bon professeur doit les tirer de cet abandon; par leur secours, il rendra l'élève bien plus sûr de lui-même. Si l'on ne chantait presque toujours de mémoire, comme c'est l'usage aujourd'hui, je ne sais pas si certains artistes pourraient soutenir leur réputation de chanteurs hors ligne.

Le maître doit encourager l'élève lorsqu'il fait des progrès; mais, dans le cas contraire, il doit le réprimander sans brutalité et avec une constante fermeté; qu'il soit sévère pour la négligence et qu'il ne termine jamais une leçon sans qu'elle ait été profitable pour l'élève.

Une heure d'étude chaque jour ne suffit pas, même à un élève d'une grande intelligence; le maître calculera donc combien de temps il doit consacrer à un élève moins favorisé de la nature. On ne peut espérer un dévouement si nécessaire d'un maître mercenaire qui, attendu par d'autres élèves, ennuyé par la fatigue, sollicité par le besoin, pense que le mois est bien long, regarde sa montre et s'en va.

Si la rémunération est insuffisante, qu'il s'en aille et bon voyage.

V

DU RÉCITATIF

Il y a trois sortes de récitatifs, que le maître doit enseigner de trois manières différentes.

Le premier, qui est le récitatif d'église, doit être chanté, comme de raison, conformément à la sainteté du lieu qui n'admet pas les badinages légers et inconvenants, mais qui exige, au contraire, une belle *mise de voix,* des appogiatures fréquentes et une continuelle noblesse de style. Quant à l'art de dire ce récitatif avec l'expression qui lui convient, on ne l'acquiert que par l'étude de ceux qui pen sent parler à Dieu.

Le second est le récitatif théâtral qui, inséparable de l'action scénique, oblige le maître à enseigner à l'élève une certaine imitation naturelle qui ne plaît que lorsqu'elle donne au récitatif ce ton noble et élevé qui sied aux princes et à leur entourage.

Le troisième et dernier, d'après l'opinion des meilleurs juges, touche le cœur plus que les autres et se nomme récitatif de chambre. Ce récitatif exige presque toujours un grand talent, à cause des paroles, qui, destinées à exprimer les passions les plus violentes, obligent le maître à communiquer à son élève cette chaleur d'expression qui arrive à faire croire que le chanteur éprouve réellement les passions qu'il exprime[1].

Dès que l'élève aura terminé ses études, il sera facile de reconnaître qu'il n'a plus besoin de cette leçon. Les sensations délicieuses que les chanteurs excitent avec ce récitatif viennent de ce qu'ils ont une profonde connaissance de cet art particulier, qui produit par lui-même tout le plaisir sans le secours des ornements habituels; et en vérité, là où parle la passion, le trille et les passages n'ont

---

1. Autrefois, *la musique de chambre*, proprement dite (*musica di camera*), était celle que l'on exécutait dans les cours, aux fêtes de famille des princes, et qui consistait principalement en cantates, duos, etc. On admettait à entendre cette sorte de musique non-seulement les personnes attachées à la Cour, mais encore les étrangers. A présent, ces exécutions sont nommées *concerts de cour*, et par les expressions *musique de chambre*, on entend les morceaux destinés à être exécutés dans une salle de concert, tels que les *symphonies*, les *concertos*, les *quatuors*, les *sonates*, les *airs détachés*, les *nocturnes*, les *fantaisies*, les *canons*, les *variations*, les *solos* pour divers instruments.

(Pietro Lichtenthal, *Dictionnaire de musique*.)

que faire et doivent laisser à la seule force d'une belle expression le soin de persuader par le chant.

Le récitatif d'église laisse aux chanteurs plus de liberté que les deux autres et les dispense de la rigueur de la mesure, particulièrement dans les cadences finales, pourvu qu'ils exécutent ce récitatif en chanteurs et non en violonistes.

Le récitatif théâtral interdit toute licence au chanteur, afin de ne pas altérer la vérité de la narration, qui doit être naturelle, à moins cependant qu'elle n'ait la forme d'un monologue de chambre.

Le récitatif de chambre ne demande pas toute la solennité du récitatif d'église, mais il en exige un peu plus que le récitatif de théâtre.

Les défauts et les abus insupportables que les chanteurs font entendre dans les récitatifs, sans même s'en douter, sont innombrables. Je vais essayer d'en indiquer quelques-uns dans le domaine du récitatif de théâtre, afin que les maîtres puissent les corriger.

Il y a des vocalistes qui chantent le récitatif de théâtre comme celui d'église, ou celui de chambre ; c'est alors une perpétuelle cantilène qui assomme ; il y en a qui pour y mettre trop de chaleur, aboient ; d'autres le disent comme en secret ; d'autres, d'une manière confuse ; il y en a qui accentuent trop les dernières voyelles ; d'autres qui les suppriment ;

les uns le chantent négligemment; les autres, d'une manière distraite; il en est qui ne le comprennent pas; d'autres, qui ne le font pas comprendre; tel y attache trop d'importance; tel le méprise; tel le dit d'une manière stupide, et tel autre le dévore; il en est qui le chantent entre les dents, d'autres, avec affectation; il en est qui ne le prononcent pas, ou qui ne lui donnent pas d'expression; tel le dit en riant, tel en pleurant; il en est qui le parlent; d'autres, qui le sifflent; il en est qui crient, qui hurlent, qui détonnent; et de toutes les erreurs de ceux qui s'éloignent du naturel, la plus grande est celle de ne pas songer à l'obligation de s'en corriger.

Par suite d'une trop fâcheuse paresse, les maîtres modernes négligent d'initier leurs élèves à tous les secrets des récitatifs, parce que aujourd'hui l'étude de l'expression est considérée comme inutile ou dédaignée comme trop ancienne. Cependant, ces maîtres devraient s'apercevoir tous les jours qu'il est indispensable de savoir chanter les récitatifs qui, eux-mêmes, enseignent l'art de déclamer; s'ils doutaient de cette vérité, il leur suffirait d'observer en dehors de tout amour-propre si, parmi leurs élèves, il se trouve quelque artiste qui mérite les éloges accordés à Cortona[1],

1. Cortona vivait au commencement du xviiie siècle.

dans le genre *amoroso* et au baron Ballerini[1], dans le genre noble; sans parler des autres acteurs fameux par leur jeu, et qui exercent encore aujourd'hui leur profession; ce qui motive la résolution que j'ai prise de ne nommer dans ces *observations* aucun chanteur vivant, quel que soit son rang dans la profession et quelle que soit l'estime que j'aie pour tous et qu'ils méritent[2].

Celui qui ne sait pas enseigner le récitatif n'en

1. Ballerini était au service de la cour de Vienne et en très-grande faveur auprès de l'empereur Joseph, qui le fit baron.

2. Un bon trait de récitatif peut attacher l'auditoire et lui plaire autant que le chant lui-même; on trouve une preuve évidente, à cet égard, dans ce que rapporte *Tartini*, en parlant du récitatif simple : « L'an quatorze de ce siècle (1714), dit-il, dans un drame représenté à Ancône, il y avait au commencement du troisième acte un récitatif d'une seule ligne, sans autre accompagnement que la basse, qui excita, parmi nous autres professeurs, comme parmi les auditeurs, une si grande commotion, que tous se regardaient en face les uns les autres, à cause du changement sensible de couleur qu'il produisait sur chacun de nous ; il n'excitait pas des pleurs (je me rappelle très-bien que les paroles exprimaient la colère), mais une certaine rigueur et un frissonnement qui véritablement troublait l'âme. Ce drame fut joué treize fois, produisant toujours le même effet, lequel était annoncé par le silence qui le précédait, et par lequel l'auditoire se préparait à en jouir. »

(MANCINI, *Réflexions pratiques sur le chant figuré.*)

Rousseau rapporte aussi cette anecdote dans son *Dictionnaire de musique.*

comprend probablement pas les paroles; et celui qui n'en saisit pas le véritable sens ne pourra jamais communiquer à son élève cette expression vraie qui est l'âme du chant, et sans laquelle il n'est pas possible de bien chanter. Vous, messieurs les maîtres incapables, qui dirigez les commençants sans réfléchir que vous conduisez la musique à sa perte en affaiblissant ses bases fondamentales, si vous ne savez pas que les récitatifs, particulièrement les récitatifs ordinaires, exigent un enseignement qui apprenne à donner aux paroles la force qui leur convient, je vous conseille fort de renoncer au titre et à l'emploi de maître, en faveur de ceux qui sont capables de soutenir l'un et l'autre pour l'avantage des chanteurs et celui de la profession. Dans le cas contraire, vos élèves, sacrifiés à l'ignorance, ne peuvent distinguer l'allegro du pathétique, ni le ton de l'irritation de celui de la tendresse; et alors ne soyez pas étonnés si vous les voyez stupides sur la scène et insensés en chantant la musique de chambre. Pour dire toute ma pensée, on ne peut excuser ni votre faute ni celle de l'élève, car aujourd'hui on ne supporte pas au théâtre l'ennui d'entendre les récitatifs chantés sur le ton choral des Pères Capucins.

Cependant la raison pour laquelle le récitatif n'a plus la même expression que celui qui était en usage chez les Anciens ne vient pas toujours de l'incapacité des maîtres, ni de la négligence des chanteurs ; mais cela résulte aussi du peu d'intelligence de certains compositeurs modernes, qui (sauf d'honorables exceptions) écrivent les récitatifs avec si peu de naturel et si peu de goût, qu'on ne peut ni les enseigner, ni les jouer, ni les chanter[1]. La

1. Si les compositeurs modernes font peu de cas des récitatifs, les anciens compositeurs en ont jugé bien différemment ; il ne faut, pour s'en convaincre, que voir tout ce que Jacques Péri, qu'on peut avec raison appeler l'inventeur du récitatif, en a écrit dans la préface de l'*Euridice*, imprimée en 1600. Appliqué à chercher l'imitation musicale qui convient aux poëmes lyriques, il tâcha de découvrir celle dont les Grecs se servaient eux-mêmes ; il observa les tons qu'on prenait en parlant, les différentes inflexions de la voix, celles qui étaient rudes, agréables, forcées, naturelles ; ou ce qui revient au même, il distingua les sons qui sont capables d'intonation d'avec ceux qui ne le sont pas ; il examina dans le plus grand détail quels modes et quels accents on employait dans la douleur, dans la joie, dans toutes les affections qui ont de l'empire sur les hommes, afin de faire agir la basse dans ces crises violentes de l'âme, tantôt plus et tantôt moins ; il n'oublia pas de consulter particulièrement le caractère de la langue, et l'oreille de plusieurs personnes très-exercées dans la poésie et dans la musique. Il conclut enfin que le fondement d'une telle imitation devait être une harmonie qui suivît pas à pas la nature, un chant mitoyen entre le langage ordinaire et la mélodie, un système tempéré entre le mouvement de la voix chantante que les anciens appelaient, dit-il, diastématique, c'est-à-dire qui marche par intervalles déterminés, et le système de la voix parlante, qu'ils appelaient mouvement continu, c'est-à-dire qui ne se fixe qu'au moment u'on se tait, etc., etc.

(ALGAROTTI, *Essai sur l'Opéra.*)

raison seule peut se charger de justifier le maître
et l'élève; mais pour soutenir mon blâme contre
les compositeurs, il me faudrait entrer dans un
ordre d'idées trop élevé pour ma faible intelligence; la raison me conseille sagement de me
borner à la simple et superficielle teinture que je
possède, et qui est à peine suffisante pour chanter, ou pour écrire une note contre une autre.
Le but auquel je vise par ces observations étant
de procurer quelques avantages aux chanteurs,
je commettrais une double faute en ne parlant
pas de la composition, qui leur est si nécessaire.
Je me trouverais dans un labyrinthe inextricable
et dans une grande perplexité, si je ne réfléchissais
que les récitatifs n'ont rien de commun avec le
contrepoint. S'il en est ainsi, quels sont les chanteurs qui ignorent que beaucoup de récitatifs de
théâtre seraient excellents si on ne les confondait
pas les uns avec les autres; si l'on pouvait les
apprendre par cœur, et s'ils ne manquaient de
sens, tant sous le rapport des paroles que sous
celui de la musique; s'ils n'effrayaient pas par
des sauts dangereux du blanc au noir, celui
qui chante et celui qui écoute; s'ils ne déchiraient
pas l'oreille et ne violaient pas toutes les règles
par des modulations détestables; s'ils n'offensaient
pas le bon goût par de perpétuelles ressemblances
et si, par d'atroces changements de tons, ils ne

poignardaient l'âme ; si enfin, les périodes n'étaient pas estropiées par ceux qui ne connaissent ni points, ni virgules? Je suis surpris que, pour leur propre avantage, ces chanteurs ne cherchent pas à imiter les auteurs qui, dans leurs récitatifs, représentent une vive image de la vérité par l'emploi de certaines notes, qui chantent d'elles-mêmes et rendent toute l'expression des paroles. Mais à quoi bon s'appesantir sur ce sujet? Puis-je prétendre que ces vérités soient bien accueillies, malgré leur évidence, lorsque la raison n'est plus à la mode dans la musique? Combien est grand le pouvoir de l'usage! Celui-ci, dispensant injustement ses partisans des vrais préceptes, pour ne les obliger qu'à l'étude des ritournelles, ne veut pas qu'ils perdent un temps précieux à l'étude des récitatifs qui, selon ses dogmes, doivent tomber de la plume et non de l'esprit. Que ce soit négligence ou ignorance, je l'ignore ; mais ce que je sais, c'est que les chanteurs n'y trouvent pas leur compte.

Il y aurait encore beaucoup à dire sur la composition des récitatifs en général, en raison de cette ennuyeuse cantilène que l'on trouve dans tous les opéras et qui blesse l'oreille par mille cadences rompues que l'usage à établies, quoiqu'elles soient de mauvais goût et en dehors des règles de l'art. Si l'on voulait supprimer toutes ces cadences, le remède serait pire que le mal, parce que, alors, l'introduction de toute cadence finale ferait horreur. Mais, s'il fallait choisir entre ces deux extrêmes, je crois que, sur cent cadences finales, dix qui seraient terminées brièvement sur les points d'orgue fermant les périodes, feraient un très-bon effet. Cependant, les savants ne disant rien sur ce sujet, leur silence me condamne.

Je reviens au maître pour lui rappeler seulement : que son devoir est d'enseigner la musique, et que si l'élève, avant de sortir de ses mains, ne chante pas très-bien, le préjudice retombera sur l'innocente victime qui ne peut réparer les effets de la négligence de son maître.

Si, après tout ce que nous venons de dire, le maître se reconnaît réellement les capacités suffisantes pour donner à son élève une instruction plus élevée qui ajoute à ses progrès, il devra l'appliquer immédiatement à l'étude des airs d'église, dans lesquels il faut laisser de côté tout enjolivement théâtral ou efféminé, pour les chanter en homme ; il lui fera donc étudier quelques motets simples, d'un style noble et agréable, mélangés de gai et de pathétique, et surtout bien proportionnés à son talent ; il persévérera à les lui faire apprendre par des leçons fréquentes, jusqu'à ce que celui-ci parvienne à les chanter avec sûreté et avec expression.

En même temps, le maître apportera la plus grande attention à ce que les paroles soient prononcées distinctement et bien entendues, les récitatifs exprimés avec énergie et soutenus sans affectation ; il veillera avec soin à ce que les airs ne manquent pas de mesure et à ce qu'ils soient chantés selon les principes du bon goût ; et par-dessus tout il exigera que les cadences finales des motets soient exécutées avec des passages détachés, rapides et bien entonnés ; ensuite il lui enseignera la méthode qui convient au style des cantates, afin que, par l'exercice, il puisse reconnaître la différence qui existe entre l'un et l'autre genre.

Quoique satisfait des progrès de son élève, le maître ne doit jamais le faire entendre en public avant d'avoir pris les sages avis des personnes qui connaissent mieux l'art du chant que la flatterie ; ces personnes sauront mieux choisir les morceaux les plus propres à lui faire honneur, et sauront aussi le corriger des erreurs et des défauts que la négligence ou l'ignorance du maître aurait laissé passer inaperçus.

Si tous ceux qui enseignent considéraient que de nos premiers pas dans le monde dépend souvent notre réputation, ils n'exposeraient pas aussi légèrement leurs élèves au périlleux hasard d'échouer au début et de tomber dans le découragement.

Si le savoir du maître ne s'étend pas au delà

des règles que nous avons exposées jusqu'ici, il doit, en bonne conscience, s'arrêter et conseiller à l'élève de chercher ailleurs de meilleures instructions. Cependant, avant d'en arriver là, il ne sera peut-être pas inutile que je m'entretienne encore un peu avec l'élève, et si son jeune âge ne lui permet pas de me comprendre, son maître du moins me comprendra en lisant les chapitres suivants.

VI

OBSERVATIONS POUR LES ÉLÈVES

Avant d'entreprendre la vaste et difficultueuse étude du chant figuré, il est nécessaire de consulter sa propre vocation, afin de ne pas jeter son travail au vent, car il n'est pas possible de lutter contre une vocation qui nous pousse ailleurs ; mais si l'étude a de l'attrait pour l'élève, elle s'empare de lui avec ardeur et lui épargne la moitié de la fatigue.

En supposant que l'élève se sente entraîné vers une si belle profession, qu'il soit instruit des principes dont j'ai déjà parlé, et de beaucoup d'autres qui ont échappé à ma faible mémoire, il devra s'efforcer de posséder toutes les forces morales et mettre toute son attention à perfectionner son chant par l'étude, de manière à ce que, faisant des progrès des deux côtés, il arrive au bonheur de joindre aux plus belles qualités de l'âme, les dons les plus remarquables de l'esprit.

Si l'élève désire vivement chanter, qu'il pense que sa fortune ou sa disgrâce dépende de sa voix, et que pour la conserver il doit s'abstenir de tous désordres et de tous plaisirs violents.

Il est nécessaire qu'il sache parfaitement lire, pour ne pas avoir la honte de mendier les paroles, et afin de ne pas tomber dans ces lourdes bévues qui ont leur source dans la plus honteuse ignorance. Combien de chanteurs auraient besoin d'apprendre l'alphabet!

S'il arrivait que le maître ne fût pas en état de corriger les défauts de la prononciation, l'élève devra tâcher d'apprendre la meilleure, le prétexte de n'être pas né en Toscane n'excusant pas son ignorance.

Avec non moins de zèle il doit s'efforcer de se corriger de tous les autres défauts que la négligence de son maître aurait omis.

Qu'il étudie les éléments de la grammaire latine en même temps que la musique, afin de pouvoir, comprendre les paroles qu'il devra chanter à l'église et pour leur donner la force et l'expression qui leur conviennent, aussi bien dans la langue latine que dans la langue italienne... J'oserais presque croire que beaucoup de chanteurs ne comprennent pas plus l'italien que le latin [1].

---

1. La musique d'église était toujours composée sur des paroles latines; mais les oratorios étaient écrits plus souvent en italien qu'en latin, c'est pourquoi Tosi recommande d'étu-

Si l'élève prétend être le maître plutôt que l'esclave de sa voix, il doit l'exercer sans relâche à la vélocité, afin de la trouver obéissante en toute occasion et pour ne pas mériter le titre de chanteur pathétique.

Que de temps en temps il ne néglige pas d'émettre et d'arrêter sa voix, afin qu'elle soit toujours disposée pour l'un et l'autre genre.

Qu'il répète fréquemment sa leçon à la maison, afin de la posséder franchement; qu'il la grave bien dans sa mémoire, pour épargner au maître la

dier la langue latine et la langue italienne. « L'oratorio est une espèce de drame dont le sujet est pris dans la Bible ou dans les légendes des saints, et qui est destiné à être exécuté par des chanteurs, avec accompagnement d'orchestre, ou dans une église, ou dans une salle, ou sur un théâtre. Dans ce dernier cas, on l'appelle en italien *opera sacra*, dont la forme et la conduite sont les mêmes que celles des autres opéras.

On attribue l'invention de l'oratorio à saint Philippe Néri, fondateur de la congrégation de l'Oratoire, en 1548. D'autres font remonter l'origine de ce genre de composition au temps des croisades.

L'oratorio intitulé *Anima e Corpo* (âme et corps), composé par *Emile del Cavaliere*, et représenté à Rome en 1600, est le premier drame religieux où l'on trouve le dialogue en forme de récitatif.

Parmi les plus beaux oratorios que les diverses écoles aient produits, on distingue le *Messie*, de *Haendel*; la *Passion*, de *Jomelli*; le *Sacrifice d'Abraham*, de *Cimarosa*; et la *Création* de *Haydn*.

(PIETRO LICHTENTHAL, *Dictionnaire de Musique*.)

peine de le reprendre et s'éviter à lui-même l'ennui de l'étudier de nouveau.

Le chant exige une si rigoureuse application, qu'il oblige l'élève à étudier mentalement quand il ne peut le faire de vive voix.

Par une étude incessante, un jeune homme est toujours certain de surmonter tous les obstacles et même de vaincre les défauts qu'il aurait sucés avec le lait. Cette opinion est sujette à de fortes objections; néanmoins l'expérience en prouvera la justesse si l'on y joint la condition suivante : *pourvu qu'il sache s'en corriger à temps.* S'il tarde, les défauts grandissent avec les années, et plus ils vieillissent plus ils deviennent horribles.

Qu'il entende le plus souvent possible les chanteurs les plus célèbres et les meilleurs instrumentistes; en les écoutant avec attention, on en retire plus de profit que de tout autre enseignement.

Qu'il cherche ensuite à les imiter pour se former insensiblement le goût par l'étude des uns et des autres. Cette recommandation, quoique très-utile à l'élève, peut devenir très-préjudiciable à un chanteur, comme je le ferai voir plus loin.

Qu'il chante souvent les plus agréables compositions des meilleurs auteurs; ces compositions, tout en habituant l'oreille aux choses qui plaisent, invitent doucement à en faire un usage fréquent. Qu'il sache bien que par cette imitation et par l'impulsion que donne la bonne musique, avec le temps le goût devient art, et l'art devient nature.

Que l'élève apprenne à s'accompagner s'il aspire à bien chanter. Le clavecin invite si affectueusement à l'étude, qu'il triomphe de la négligence la plus obstinée, et éclaire de plus en plus l'intelligence. Les avantages qui en résultent pour le chanteur me dispensent de chercher à persuader par des exemples : ajoutons que souvent l'élève qui ne sait pas jouer du clavecin ne peut se faire entendre sans l'aide d'autrui ; ce qui, à son grand préjudice et à sa plus grande confusion, le met parfois dans l'impossibilité de se rendre aux désirs de ceux qui veulent l'entendre.

Tant qu'un chanteur ne se satisfait pas lui-même, il est certain qu'il ne plaira jamais aux autres. Si l'on réfléchit que les chanteurs d'une intelligence plus que médiocre sont privés de cet agrément pour n'avoir pas suffisamment appris, que devra faire l'écolier ? Étudier, étudier encore, et n'être jamais satisfait de peu [1].

---

[1]. *Jean Carestini,* né au mont Filatrana, dans la marche d'Ancône, se rendit à Milan, à l'âge de douze ans. La faveur dont il jouissait auprès de la famille de *Cusani,* lui fit donner dans cette ville le surnom de *Cusanino.* Quoique sa voix fût naturellement belle, il ne négligea pas de la perfectionner par l'étude et de la rendre propre à toute espèce de chant, et il réussit à un point si sublime, qu'il établit dès sa jeunesse sa réputation et son crédit. Il avait un génie si fécond et un

Je serais presque tenté de dire que toute application à l'étude du chant est infailliblement inutile si elle n'est accompagnée de quelque connaissance du contrepoint. Celui qui connaît la composition sait se rendre compte de ce qu'il fait; tandis que celui qui ne possède pas les mêmes lumières procède dans l'obscurité et ne peut chanter longtemps sans commettre quelque faute. Les Anciens les plus renommés connaissaient par expérience la valeur intrinsèque de ce précepte, et un bon élève doit les imiter, sans se préoccuper de savoir si la leçon est ou n'est pas à la mode. Bien que aujourd'hui nous entendions de temps en temps des choses admirables, conçues dans un goût parfait, ces choses sont faites au hasard et ne se recommandent aux auditeurs que par le hasard; en général, les compositions de ceux qui ignorent le contrepoint sont

discernement si délicat, que malgré l'excellence de tout ce qu'il faisait, sa trop grande modestie l'empêchait toujours d'être satisfait. Un jour, un de ses amis le trouvant à l'étude et applaudissant à son chant, *Carestini* se retourna vers lui, et lui dit : « *Mon ami, si je ne puis parvenir à me satisfaire moi-même, comment puis-je satisfaire les autres?* » Aussi répéta-t-il l'air qu'il étudiait jusqu'à ce qu'il eût trouvé des choses qui lui donnassent du plaisir. C'est par cette raison que le chant de *Carestini* a toujours été pur, décidé et sublime.

(MANCINI, *Pensieri e Riflessioni pratiche sopra il canto figurato.*)

Méditez cet exemple, jeunes chanteurs, et surtout imitez-le !

indubitablement mauvaises, si elles ne sont pas exé-
crables, parce que le hasard ne pouvant pas toujours cacher les défauts, elles ne s'accorderont ni
avec la mesure, ni avec la basse [1]. Si la connaissance de la composition est nécessaire, elle ne l'est
cependant pas au point de me faire conseiller à
l'élève de s'y appliquer trop profondément : je suis
certain que je lui indiquerais la meilleure manière
de perdre sa voix ; je me borne à l'exhorter, autant
que possible, à apprendre seulement les règles
principales pour ne pas chanter à l'aveuglette.

Étudier beaucoup et conserver la voix dans
toute sa beauté, sont deux choses à peu près incom-
patibles ; il y a entre l'étude et la conservation de
la voix une certaine intimité qui, quoique fort
étroite, dure difficilement ; cependant, si l'on réflé-

1. Autrefois les musiciens étaient non-seulement poëtes,
mais on comptait encore parmi eux des philosophes, des ora-
teurs. Aussi *Boèce* ne veut-il pas honorer du titre de musicien celui qui pratique seulement la musique par le ministère
servile des doigts ou de la voix, mais celui qui possède cette
science par le raisonnement et la spéculation. Il semble, en
effet, que pour s'élever aux grandes expressions de la musique
oratoire et imitative, il faudrait avoir fait une étude particulière des passions humaines et du langage de la nature. Or,
que sont la plupart de nos musiciens, bornés à la pratique
des notes et de quelques tours de chant? On peut assurer,
sans craindre de les offenser, qu'ils ne sont pas de grands
philosophes.

(ALGAROTTI, Essai sur l'Opéra.)

chit que la perfection de la voix est un don de la nature et qu'elle s'acquiert péniblement par l'art, on convient que l'art l'emporte sur la nature aussi bien dans le mérite que dans la louange.

Celui qui étudie doit chercher le beau partout, sans se préoccuper s'il appartient à un style de quinze ou vingt ans en arrière, ou à celui de notre époque ; le beau comme le mauvais est de tous les temps ; il faut seulement savoir le trouver, le comprendre et le mettre à profit.

Pour mon malheur irréparable, je suis vieux ; mais si j'étais jeune, je voudrais imiter, autant que possible, dans le *cantabile* ceux que l'on qualifie du vilain nom d'Anciens, et dans l'*allegro* ceux qui possèdent le beau style des Modernes. Si mon désir est illusoire à l'âge où je me trouve, il ne sera pas infructueux pour un élève raisonnable qui désire être également habile dans l'un et l'autre genre ; c'est l'unique chemin pour arriver à la perfection. Si, ensuite, il devait choisir entre les Anciens et les Modernes, je lui dirais avec franchise et sans crainte d'être taxé de partialité qu'il doit s'attacher au goût des Anciens.

Chaque manière de chanter a différents degrés ; on y distingue le viril du puéril, comme le noble du vulgaire.

Que celui qui étudie n'espère pas arriver au succès s'il n'a pas horreur de l'ignorance.

Celui qui n'aspire pas à occuper le premier rang, est bien près de céder le second, et peu à peu il se contente du dernier.

Si, en faveur de leurs priviléges, on permet les *passi* écrits à tant de faibles cantatrices, celui qui étudie pour devenir un bon chanteur ne doit pas suivre un pareil exemple. Celui qui s'habitue à recevoir la becquée devient stérile et se fait l'esclave de sa mémoire.

Si l'élève a des défauts, particulièrement du nez, de la gorge ou de l'oreille, il est nécessaire qu'il ne chante jamais que devant son maître ou en présence de quelque personne qui entende la profession et qui puisse le corriger; sans cette précaution, les défauts vont en grandissant de jour en jour, et le mal est sans remède.

En étudiant ses leçons à la maison, l'élève doit chanter de temps en temps devant une glace, non pour s'extasier devant sa propre beauté, mais pour se corriger des mouvements convulsifs du corps ou du visage (je désigne sous ce nom toutes les grimaces d'un chanteur affecté); quand ces vices sont enracinés, ils ne s'en vont jamais.

Les heures les plus propices pour étudier sont les premières de la matinée; les autres, à l'exception de celles qui sont indispensables aux nécessités de la vie, peuvent être consacrées au travail par ceux qui ont besoin d'étudier.

Aprés avoir fait de longues études et s'être mis
en possession de l'intonation, des mises de voix,
des trilles, des passages, des récitatifs bien exprimés, si l'élève s'aperçoit que son maître n'est pas
en état de lui enseigner cette parfaite exécution
qu'exige l'art si fini des airs, et s'il ne peut
étudier constamment sous ses yeux, il commen-
cera à comprendre qu'il a besoin de cette étude
particulière, dans laquelle le meilleur chanteur du
monde est, en même temps, son propre élève et son
propre maître : *si cette réflexion est iuste,* je lui
conseille de lire, tout d'abord, le chapitre suivant
afin qu'il puisse retirer de plus grands avantages
de ceux qui savent chanter les airs et qui ont le
talent de les enseigner ; *si elle ne l'est pas,* plus
aigre et plus amer sera le fruit du travail.

VII

DES AIRS

Si celui qui le premier a introduit l'usage de reprendre les airs *da capo,* a eu pour but de donner aux chanteurs l'occasion de montrer leur habileté en intercalant des variantes dans ces reprises, on ne peut blâmer cette invention, quand on aime la musique, quoique ces variantes enlèvent aux paroles une grande partie de leur force[1].

1. On ne sait rien de bien certain sur l'époque à laquelle le *da capo* fut introduit dans les airs; peu d'auteurs ont parlé de cette invention, qui a cependant tenu une large place dans l'art du chant au xviie et au xviiie siècle. Voici ce que dit Ginguenée au mot *Italie,* dans le *Dictionnaire de musique de l'Encyclopédie méthodique :* « Dans l'*Érismène* de Cavalli, joué à Venise en 1655, on voit, non-seulement des airs, mais des retours à la première partie, ce que l'on a depuis désigné par le mot *da capo.* »

Arteaga, dans *Le Revoluzioni del teatro musicale italiano,*

Les airs étaient chantés de trois manières différentes par ceux que l'on nomme Anciens : le style de théâtre était agréable et varié ; celui de chambre d'un goût orné et fini ; celui d'église touchant et grave. Ces différentes manières sont ignorées aujourd'hui du plus grand nombre des Modernes.

Il n'y a pas d'étude plus utile pour un chanteur que celle des airs qui, seuls, font ou détruisent sa réputation. Un petit nombre de leçons verbales ne peuvent suffire pour acquérir une instruction si précieuse, car il n'y aurait pas un grand avantage pour l'élève à savoir une quantité d'airs dans lesquels seraient écrits, sous mille formes différentes, les *passi* les plus rares ; ces *passi* ne pourraient ni suffire, ni être appliqués à tous les airs ; ils manqueraient toujours de ce doux charme que, seule, la voix de l'auteur peut leur imprimer et qui est incontestablement le premier mobile de l'art et de la nature. Tout ce que l'on peut dire, selon moi, consiste à persuader à l'élève qu'il doit observer attentivement les plus beaux dessins avec lesquels les meilleurs chanteurs se règlent

---

tomo II, dit que le chanteur Balthasar Ferri, né en 1610, semble avoir été le premier qui ait introduit dans les airs l'usage du *da capo,* vers la fin du XVIIe siècle. Il fonde son opinion sur un passage de la préface d'un recueil de poésies dédié à ce célèbre chanteur.

sur la basse; et à mesure que son habileté augmentera, il laissera voir son adresse et son intelligence. Si l'élève ne savait comment copier les dessins de ces habiles chanteurs, il n'aurait qu'à suivre l'exemple d'un de mes plus chers amis, qui n'allait jamais entendre un opéra sans avoir à la main toutes les compositions que devait chanter le plus fameux artiste; là, admirant dans le mouvement des basses les finesses les plus étudiées de l'art, totalement restreintes dans la rigueur la plus sévère de la mesure, il en retirait toujours quelque fruit.

Parmi les choses dignes de considération, l'élève reconnaîtra à première vue, dans le même dessin, l'ordre avec lequel tous les airs divisés en trois parties veulent être chantés. Dans la première partie, les airs ne demandent que des ornements simples, de bon goût et peu nombreux, afin que la composition reste intacte; dans la seconde partie, ils exigent qu'à cette ingénieuse pureté s'ajoute un artifice original qui fasse reconnaître la grande habileté du chanteur; ajoutons qu'en reprenant les airs *da capo*, le vocaliste qui ne varie pas tout ce qu'il chante, en y apportant des améliorations, n'est pas un grand artiste.

Que l'élève s'habitue donc à toujours varier les reprises des airs d'une manière différente; si je ne me trompe, un chanteur abondant, quoique médiocre, mérite plus d'estime qu'un vocaliste plus habile, mais stérile; celui-ci ne peut faire plaisir aux connaisseurs que la première fois, tandis que, si le premier ne surprend pas par l'originalité de ses productions, il soutient au moins l'attention par leur diversité.

Parmi les Anciens, les meilleurs artistes s'engageaient à faire des changements, tous les soirs, non-seulement dans tous les airs pathétiques, mais encore dans quelques-uns des allegros, des opéras qu'ils chantaient. Celui qui étudie sans bien affermir les bases de l'étude ne peut soutenir le poids d'un exemple si important.

Si les chanteurs ne connaissaient pas l'art de varier les airs, on ne pourrait jamais apprécier l'étendue de leur intelligence; c'est par la qualité des variations qu'entre deux chanteurs de premier ordre, on reconnaît facilement lequel est le meilleur.

En revenant par cette digression au dessin des airs, dont il a été parlé, l'élève y trouvera les règles de l'art et les endroits où il peut donner carrière à son génie; ces règles enseignent que la mesure, le goût et l'intelligence sont quelquefois des moyens un peu moins qu'inutiles à celui qui n'a pas l'imagination prompte aux embellissements improvisés. En second lieu, elles ne permettent pas que la profusion de ces embellissements porte préjudice à la composition et amène de la confusion pour l'oreille.

Celui qui étudie doit apprendre avant de savoir; puis il doit se servir avec discernement de tout ce qu'il a appris. Pour être pleinement convaincu de ce précepte, il suffit d'observer que les chanteurs les plus célèbres ne font jamais étalage de leur talent dans quelques airs seulement, parce qu'ils savent qu'un vocaliste qui expose en un seul jour, aux yeux du public, tout ce qu'il a dans sa boutique, est bien près de faire banqueroute. J'ai déjà dit que, pour l'étude des airs, il n'y a pas de travail superflu; si l'on néglige certaines choses qui sont, ou qui paraissent être de peu d'importance, comment l'art pourra-t-il être parfait s'il n'est pas complet?

Dans les airs qui se chantent sans accompagnement, celui qui étudie l'artifice est seulement soumis à la mesure et à la basse; mais dans ceux qui sont accompagnés par des instruments, il faut qu'il soit attentif à la marche de ces instruments, afin d'éviter les erreurs que commettent ceux qui n'ont pas appris à connaître les accompagnements.

Deux forts enseignements donnent une grande lumière à l'élève, pour ne pas broncher en chantant les airs : le premier donne le sage conseil de se tromper mille fois chez soi (s'il le faut) pour avoir la certitude de ne jamais faillir en public;

le second, par des raisons sans réplique, exige que l'on chante la première reprise seulement avec les ornements naturels, mais avec la ferme intention, toutefois, d'examiner mentalement, en même temps que l'on chante, les endroits où il conviendra de placer les embellissements artificiels dans la seconde reprise. C'est ainsi que de répétition en répétition, et en changeant toujours du bien au mieux, on devient insensiblement un grand chanteur.

L'étude la plus nécessaire et la plus difficile, pour chanter parfaitement les airs, consiste à chercher la simplicité et à la rencontrer dans la beauté de la pensée. Celui qui a l'avantage de pouvoir joindre des dons si précieux à un port de voix suave est le plus heureux des chanteurs.

Celui qui étudie malgré une nature ingrate doit se consoler en pensant que l'intonation, l'expression, les mises de voix, les appoggiatures, les trilles, les passages et l'accompagnement sont des qualités essentielles, mais ne sont pas des difficultés insurmontables. Je sais que ces qualités ne suffisent pas pour bien chanter et qu'il faudrait être fou pour se contenter de chanter mal ; mais elle savent appeler à leur aide l'art qui rarement les abandonne et vient quelquefois de lui-même ; il suffit d'étudier.

Que l'élève repousse surtout tous ces abus qui se sont répandus et implantés dans les airs, s'il veut conserver à la musique toute sa pudeur.

Les chanteurs, comme les élèves, doivent s'abstenir des *caricatures*[1], à cause des conséquences fâcheuses qu'elles entraînent avec elles. Celui qui fait rire se fait difficilement estimer; il déplaît à ceux qui n'aiment pas à passer pour ridicules ou ignorants; le plus souvent les *caricatures* naissent de notre prétendue ambition de vouloir corriger les autres, pour faire étalage de notre propre savoir. Plût à Dieu que les *caricatures* ne fussent jamais nourries du lait vénéneux de l'envie ou de la méchanceté : les exemples ne prouvent que trop combien elles sont contagieuses. Le châtiment, *ut pæna talionis,* établi par saint Damase est très-juste, et la réprobation vient fort à propos, car les airs chantés en *charge* ont causé la ruine de plus d'un chanteur.

Je ne trouve pas de paroles assez persuasives pour recommander à l'élève la rigueur de la mesure, comme je désirerais le faire et autant que cela est nécessaire; si j'insiste souvent là-dessus, c'est que l'occasion s'en présente fréquemment; même parmi les grands chanteurs, il y en a fort peu qui ne se laissent tromper par une altération presque insensible de la mesure, ou par

---

[1] Par le mot *caricature,* notre auteur entend ce que nous désignons aujourd'hui par le mot *charge.*

une légère diminution, et quelquefois par toutes
les deux. Bien que l'on s'aperçoive à peine de ces
écarts au commencement des morceaux, peu à peu
ils deviennent plus grands dans le cours des airs
et à la fin on découvre l'inconvénient et avec
l'inconvénient on découvre l'erreur.

Si je ne conseille pas à l'élève d'imiter certains
modernes dans leur manière de chanter les airs,
c'est que le principe rigoureux de la mesure, établi dans notre profession comme une loi invio-
lable, me le défend sévèrement ; et à vrai dire, ils
tiennent si peu compte de la mesure en la sacri-
fiant au goût insipide de leurs chers passages, que
cela est trop absurde pour être toléré.

On ne peut excuser la présomption de certains
chanteurs qui prétendent qu'un orchestre entier
doit s'arrêter au beau milieu du mouvement réglé
des airs, pour attendre leurs ridicules *arbitrios* [1],
que souvent ils ont appris par cœur, pour les col-
porter de théâtre en théâtre, ou que peut-être ils
ont dérobé au vulgaire succès de quelque cantatrice plus heureuse qu'habile, à laquelle on pardonne les fautes de mesure, en faveur des privi-

---

1. *Arbitrio* est un mot italien par lequel on désignait un
point d'orgue non écrit, que le compositeur abandonnait au
goût du chanteur, afin qu'il y fît, relativement au caractère
de l'air, les passages les plus convenables à sa voix et à son
talent.

léges de son sexe. « Doucement, doucement avec la critique, me dit un amateur d'arbitrios ! ceci, si vous ne le savez pas, s'appelle chanter à la mode. — Chanter à la mode? Vous êtes dans l'erreur ; s'arrêter dans les airs, à chaque seconde, à chaque quarte, sur toutes les septièmes et les sixtes de la basse, était un travers des anciens chanteurs, désapprouvé, il y a déjà plus de cinquante ans, par *Rivani* (dit Ciecolino [1]). » Par des raisons invincibles et dignes de rester éternelles, *Rivani* nous a enseigné que le bon chanteur sait toujours trouver les endroits propres aux embellissements de l'art, sans inventer ni mendier des pauses. Si ce précepte méritait d'être suivi, il le fut surtout par ceux qui se le gravèrent bien dans l'esprit. Parmi ceux-ci, nous citerons en première ligne *il signor* Pistocchi [2],

---

1. On croit que Rivani (qui a chanté à la cour de Louis XIV) a écrit un traité sur la mesure, qui n'est pas arrivé jusqu'à nous.

2. Pistocchi, né à Palerme en 1659, fut agrégé à la Société philarmonique de Bologne, comme compositeur, en 1690 ; il fut élu président de cette société en 1708 et 1710. On raconte que, lorsqu'il parut en public pour la première fois, il était âgé de vingt ans et possédait une fort jolie voix, qui lui valut de vifs encouragements. Mais sa vie dissolue mit bientôt à néant sa voix et ses moyens d'existence. Réduit à la plus profonde misère, il se vit contraint de se mettre au service d'un compositeur en qualité de copiste, ce qui lui fournit l'occasion d'apprendre les règles de la composition, et lui permit de devenir lui-même un habile compositeur. Au bout de quelques années, il recouvra une partie de sa voix, qu'il

le plus admirable *musico* [1] de nos jours et des temps passés.

Cet habile chanteur a rendu son nom immortel pour avoir été l'inventeur d'un goût fini et inimitable, et pour avoir enseigné à tous les beautés de l'art sans offenser les exigences de la mesure. Cet exemple seul, qui en vaut mille, ô moderne révéré, devrait suffire pour vous détromper ; mais si vous n'étiez pas convaincu, j'ajouterais que *Siface* avec sa douceur divine en a suivi l'enseignement [2] ; que *Buzzolini*, doué d'une intelligence

transforma en un beau contralto, à force de soins et de travail. Éclairé par l'expérience, il sut, cette fois, la conserver, et il résolut de parcourir l'Europe. Dans ses voyages il apprit à connaître les manières diverses de chanter et les différents goûts des nations qu'il visita et sut se les approprier. En 1700, il établit à Bologne une école de chant qui se distingua par la méthode d'enseignement et la variété des styles ; de cette école sont sortis les plus grands chanteurs de la première moitié du xviiie siècle.

1. *Musico* est le nom qu'on donnait autrefois aux *castrats*. Par une sorte d'euphémisme, les Italiens désignaient souvent le premier chanteur parmi les castrats : *il primo uomo, il primo musico*.

2. Siface, fameux entre tous les chanteurs du xviie siècle, avait une voix admirablement belle et pénétrante ; il joignait à un style remarquablement large et plein d'expression une *messa di voce* parfaite. On pouvait lui appliquer le proverbe italien qui dit que cent perfections sont nécessaires au chanteur, mais que celui qui possède une belle voix en a déjà quatre-vingt dix-neuf. Ce chanteur, dont le vrai nom était Grossi, reçut le nom de Siface pour avoir joué, la première fois qu'il

incomparable, en adorait, pour ainsi dire, le précepte[1]; que *Luigino* qui vint après, suivit les
traces de ses devanciers avec son style doux et
amoroso[2]; que Mme *Boschi*, pour la gloire de
son sexe, a montré que les femmes qui étudient
peuvent enseigner, d'après les mêmes principes,
les secrets les plus recherchés de l'art, même aux
artistes les plus distingués[3]; que Mme *Lotti*, observant ces mêmes règles avec sévérité et douée d'une
voix suave et pénétrante, ravissait le cœur de ses
auditeurs par le charme de ses accents[4]. Si des

parut sur la scène, le rôle de ce nom dans le *Mitridate*,
d'Alexandre Scarlatti, et à cause de la perfection qu'il mit
dans ce personnage. Pendant son séjour en Angleterre, il
appartint à la chapelle de Jacques II ; il retourna ensuite en
Italie, où il fit toujours l'admiration de ses contemporains.
Il fut assassiné sur la route de Gênes à Turin par le postillon
qui conduisait sa voiture et qui voulait le voler.

1. Buzzolini fut un chanteur de quelque renommée, d'après
ce que dit Tosi, mais sur lequel on n'a aucun renseigne-
ment.

2. Luigino était élève de Pistocchi et fut au service de
l'empereur Joseph Ier.

3. Mme Boschi. On sait peu de chose sur cette chanteuse :
elle alla en Angleterre sous le règne de la reine Anne, elle fit
une saison à l'Opéra, puis elle retourna à Venise. La voix de
la signora Boschi était déjà sur son déclin lors de son séjour
en Angleterre.

4. La signora Santini brilla longtemps sur les théâtres de
Venise, ainsi qu'à différentes cours d'Allemagne où elle fut
appelée ; plus tard elle se retira à Venise, où elle épousa le
célèbre compositeur Lotti, qui était alors maître de chapelle

artistes de cette valeur, auxquels il faudrait ajouter quelques chanteurs très-célèbres, qu'il n'est pas
nécessaire de nommer et qui sont applaudis actuel-
lement par toute l'Europe ; si, dis-je, ces grands
chanteurs et certains dilettantes capables d'exciter
la jalousie des plus habiles vocalistes ne suffisaient
pas pour vous convaincre qu'on ne peut pas et
qu'on ne doit pas prendre la liberté d'altérer la
mesure en y faisant des pauses, vous devriez au
moins comprendre, qu'outre la faute de mesure,
vous tombez souvent dans une erreur plus grande
en ignorant que, quand la voix n'est pas accompagnée, elle est privée d'harmonie, et devient, par
conséquent, ennuyeuse et insupportable au point
de faire bâiller les auditeurs intelligents. Vous me
direz peut-être, pour vous excuser plutôt que pour
vous justifier, que très-peu d'auditeurs ont assez
de discernement pour reconnaître ces fautes, et que
le plus grand nombre applaudit à tout ce qui a
une apparence de nouveauté. Mais qui est dans

à Saint-Marc ; elle était dans toute la force de son talent vers
l'année 1710.

Quoique tous ces chanteurs eussent un talent particulier à
chacun d'eux, ils savaient pourtant chanter dans les différents
styles en usage à l'époque où ils vivaient. On demandait un
jour à un chanteur moderne s'il croyait que telle ou telle
composition d'une époque déjà ancienne, aurait encore dû
succès en Italie ? « Je le crois certainement, répondit-il, mais,
où sont les artistes qui pourraient les chanter ? »

l'erreur? Cet auditoire, qui applaudit même vos défauts, ne les cache pas en laissant voir son ignorance; c'est donc à vous qu'il appartient de les corriger. Abandonnant votre obstination mal fondée, vous devez avouer que les libertés que vous prenez offensent la raison et font injure à ces solides enseignements qui vous condamnent, en même temps qu'ils condamnent, comme complices de votre crime, ces musiciens de l'orchestre qui se soumettent à votre caprice, au préjudice de leur dignité. L'obéissance est un acte servile qui ne convient pas à votre camarade, lequel étant votre égal, ne peut reconnaître d'autre maître que la mesure. Réfléchissez enfin que ces préceptes vous seront toujours profitables, et que, si en vous en écartant, vous avez la bonne fortune de recueillir les applaudissements des ignorants, en les suivant, vous mériterez bien plus justement les bravos des connaisseurs; c'est alors que le succès sera universel.

Cependant, le défaut de mesure n'est pas le seul motif qui oblige l'élève à ne pas imiter messieurs les modernes dans l'exécution des airs; car il est évident que toute l'application de ces derniers s'attache à les diviser et à les morceler de telle façon qu'il n'est plus possible de comprendre ni les paroles, ni les pensées, ni les modulations, et encore moins de distinguer un air d'un autre, tant ils ont de ressemblance les uns avec les autres. Lorsqu'on a entendu un air on en a entendu mille ; et la mode triomphe-t-elle ?... On croyait, il n'y a pas long-temps, que dans chaque opéra, il suffisait au plus habile vocaliste d'un seul air susceptible de passages pour donner carrière à son organe ; mais, aujourd'hui les chanteurs ne sont plus de cet avis ; au contraire, comme s'ils n'étaient pas entièrement satisfaits de l'horrible métamorphose par laquelle ils transforment tous les airs en une suite de passages, ils courent à bride abattue pour attaquer leurs finales avec une violence inouïe, comme pour réparer le temps qu'ils se figurent avoir perdu dans le cours des airs. Dans le chapitre des cadences tourmentées, nous verrons bientôt si la mode est de bon goût ; en attendant je reviens aux abus et aux défauts des airs [1].

Je ne sais positivement quel a été, parmi les modernes, le compositeur ou le vocaliste assez ingrat pour avoir osé bannir des airs l'amoroso pathétique, comme n'étant plus digne de l'honneur d'y figurer, après y avoir été employé pendant si longtemps d'une manière si agréable [2]. Quoi qu'il

---

1. Il s'agit ici des airs qu'en Italie on appelait *airs de bra-voure*.

2. On attribue à Pasi, élève de Pistocchi, les abus dont notre auteur se plaint si amèrement. Pasi fut le premier qui introduisit dans les airs une surabondance de trilles, de passages recherchés, de traits, de mordants et de temps rompus

en soit, il est certain qu'il a enlevé à l'art du chant
ce qu'il avait de meilleur. Ma faible intelligence
n'arrive pas à découvrir les vrais motifs de cette
exclusion, d'autant plus que si je demande à tous
les musiciens en quelle estime ils tiennent le pathétique, ils me répondront tous d'un commun accord
(chose assez rare pour être remarquée), que le
pathétique fait les délices de l'oreille, qu'il est la
plus douce passion de l'âme et la base la plus
solide de l'harmonie. Ne restera-t-il donc plus
rien de toutes ces belles prérogatives, sans que
l'on en connaisse le motif?... J'ai compris : il ne
faut pas que j'interroge les chanteurs, mais bien la
folle bizarrerie du public, protecteur mobile de la
mode, qui ne souffrirait peut-être pas cette réforme.
Hélas! je me trompe ; la mode et le public ressemblent aux eaux de ces torrents qui, gonflés par
la crue, sortent de leur lit, et y rentrent dès que
paraît un rayon de soleil. Le mal est-il dans la
source, la faute est-elle aux chanteurs qui louent
le pathétique et chantent l'allegro ? il faudrait être
bien dépourvu de sens commun pour ne pas le
comprendre; ils reconnaissent le pathétique pour

qu'il faisait avec une grande perfection et toujours à propos.
Ces ornements, joints à un chant magistral et à un goût tout
à fait rare, plaisaient en lui, parce que cette manière lui était
propre; mais ils dégénérèrent bientôt en abus lorsqu'ils
furent imités par des chanteurs moins habiles.

7

excellent, mais sachant aussi qu'il est beaucoup plus difficile que l'allegro, ils le laissent de côté.

Autrefois les airs, chantés au théâtre d'après cette si agréable méthode et accompagnés par des instruments harmonieux et bien modulés, ravissaient les sens et transportaient de plaisir ceux qui comprenaient la mélodie. Mais, si ces airs étaient chantés par les cinq ou six personnes illustres que j'ai citées plus haut, il n'était plus possible alors de résister à la violence de l'émotion, de contenir sa tendresse ni de retenir ses larmes. Quelle grande preuve pour confondre la mode idolâtrée de nos jours! Y a-t-il aujourd'hui quelqu'un qui s'attendrisse et qui pleure en entendant le plus beau chant? Non, répondent les auditeurs, non, parce que le chant toujours gai des modernes, quoique digne d'admiration dans sa force, ne pénètre pas au delà de l'habit de ceux qui ont l'oreille délicate. Le goût de ceux qu'on appelle anciens était un mélange de gai et de cantabile dont la variété ne pouvait manquer de charmer. Le chanteur d'aujourd'hui est tellement préoccupé de sa manière que, pourvu qu'il s'éloigne de celle des anciens, il se résigne facilement à perdre la majeure partie de son charme. L'étude du pathétique était la plus chère occupation des anciens; l'application des passages les plus difficiles est le seul but des modernes : ceux-là agissaient avec plus de raison, ceux-ci .

exécutent avec plus de bravoure. Mais, puisque
j'ai osé en venir à la comparaison des chanteurs
les plus célèbres du style ancien et du style moderne, qu'on me pardonne si j'ai la témérité de
dire, en manière de conclusion, que les modernes
sont inimitables à chanter pour l'oreille, tandis que
les anciens excellaient à chanter pour le cœur.

On ne peut nier, cependant, que les meilleurs
vocalistes de nos jours n'aient amélioré le goût
ancien, dans quelques parties, par des productions
dignes d'être imitées, non-seulement par les élèves,
mais aussi par les chanteurs. Pour leur prouver
toute mon estime, il faut que j'avoue publiquement
que s'ils aimaient un peu plus le genre pathétique
et le genre expressif, et un peu moins les passages,
ils pourraient se vanter d'avoir amené l'art à son
plus haut degré de perfection.

Il se pourrait bien aussi que les idées extravagantes que l'on entend aujourd'hui dans un grand
nombre de compositions, fussent la seule cause qui
enlève aux chanteurs le moyen de joindre le cantabile à leurs connaissances ; car les airs à la mode
vont généralement à franc-étrier et mettent les
chanteurs dans une agitation si violente, qu'ils en
perdent la respiration et qu'ils se trouvent totalement privés des moyens de faire valoir toutes les
finesses de leur intelligence. Mais, Dieu immortel !
puisque les compositeurs modernes sont si nom-

breux (et parmi eux, il y en a dont le talent égale,
s'il ne le surpasse, celui des anciens), pourquoi
excluent-ils toujours de leurs plus belles compositions l'adagio que l'on aime tant? Quel crime peut
donc commettre sa tranquille nature? S'il ne peut
galoper avec les airs qui courent la poste, pourquoi ne pas le laisser avec ceux qui ont besoin de
repos, ou tout au moins le réserver pour assister
pieusement un héros malheureux au moment où il
doit verser des larmes ou mourir sur le théâtre?
Non, monsieur; la grande mode veut que ce héros
pleure et *crève* en chantant vite et gaiement. Mais
quoi! la fureur du goût moderne ne s'apaise pas
par le seul sacrifice du pathétique et de l'adagio,
amis inséparables; elle va si loin qu'elle proscrit
aussi, sans pitié, les airs qui n'ont pas la tierce
majeure; peut-on entendre quelque chose de plus
insensé? Messieurs les compositeurs (je ne parle
des illustres qu'avec toute la vénération qui leur
est due), de mon temps, la musique a changé trois
fois de style; le premier qui trouva quelque faveur au
théâtre et dans les salons, fut le style de Piersimone[1]

1. Pierre-Simone Agostini, né vers 1650, a publié en 1680
un recueil de *Cantate a voce di basso solo ;* dans la même
année il fit représenter à Venise un opéra de sa composition,
Il Ratto delle Sabine. Gaillard, à qui j'emprunte ce qui suit,
dit qu'en 1743 les cantates d'Agostini existaient encore.
« Plusieurs de ces cantates, dit-il, sont très-difficiles, non à
cause du nombre des passages de la partie vocale, mais par

et celui de Stradella[1] : Le second fut celui

l'expression, par les incidents saisissants, et l'exécution des basses. Agostini paraît avoir été le premier qui employa les basses avec tant de vivacité; Carissimi qui l'a précédé, avait plus de simplicité dans ses compositions, quoiqu'il soit reconnu pour un des premiers compositeurs qui aient donné plus d'animation à la musique par le mouvement des basses. On ne connaît rien de la vie d'Agostini, si ce n'est qu'il était un fervent disciple de Bacchus; quand il s'était endetté dans quelque auberge, il écrivait vite une cantate, qu'il s'empressait d'adresser à un certain cardinal, qui ne manquait jamais de lui envoyer l'argent nécessaire pour payer son écot. »

1. Alessandro Stradella, né à Naples vers 1645, était favorisé des dons personnels les plus distingués; il était excellent compositeur, chanteur admirable, et possédait en outre un talent remarquable sur la harpe et le violon. Appelé à donner des leçons à une dame nommée Hortensia, laquelle était aimée d'un noble Vénitien, il l'enleva et la conduisit à Rome. Le Vénitien, furieux, mit sur la trace des fugitifs deux assassins qui arrivèrent à Rome un soir que Stradella donnait un oratorio dans l'église Saint-Jean-de-Latran; à peine eurent-ils entendu pendant quelques instants la voix délicieuse de Stradella qu'ils se sentirent attendris et ne songèrent plus qu'à sauver les deux amants; ils attendent Stradella à la porte de l'église, ils lui expliquent l'affreux motif de leur voyage et lui conseillent de quitter Rome sur-le-champ. Stradella et Hortensia se réfugièrent à Turin. Le Vénitien se concerta alors avec le père d'Hortensia et le fit partir pour cette ville avec deux assassins; et un soir que notre héros se promenait sur le rempart, il fut assailli par les trois scélérats qui le laissèrent pour mort, la poitrine traversée d'un coup de poignard. Cependant Stradella guérit de sa blessure, épousa Hortensia une année plus tard et la conduisit à Gênes. Le lendemain de leur arrivée dans cette ville, ils furent trouvés poignardés dans leur lit.

des meilleurs auteurs vivants; je laisse aux autres
le soin de juger s'ils sont jeunes et modernes[1].
Quant au vôtre qui n'est pas encore bien établi
dans toute l'Italie et qui n'a aucun crédit au
delà des monts, la postérité en parlera bientôt, car
les modes passent vite. Mais, si notre profession
doit exister et finir avec le monde, ou vous vous
désabuserez vous-mêmes, ou vos successeurs réfor-
meront votre style. Savez-vous comment?... En
exilant les abus; en rappelant de nouveau le premier, le second et le troisième mode, afin de sou-
lager le cinquième, le sixième et le huitième écra-
sés de fatigue; en ressuscitant le quatrième et le
septième qui sont morts pour vous et enterrés dans
l'église avec les finales[2]. Pour l'agrément de ceux
qui chantent et de ceux qui écoutent, on entendra
l'allegro mêlé de temps en temps au pathétique;
les airs ne seront plus étouffés par l'indiscrétion
des instruments qui couvrent, non-seulement l'ar-
tificieuse douceur du piano, mais aussi les voix
délicates et celles qui ne veulent pas hurler. Ils
ne souffriront plus l'importune vexation des unis-

1. Les compositeurs en vogue à l'époque où Tosi écrivait
ceci, étaient : Scarlatti, Bononcini, Gasparini, Mancini, etc.
Cependant le style moderne déjà répandu en Italie commençait
à envahir les pays situés de ce côté des Alpes.

2. Notre auteur ne s'explique pas suffisamment sur ce qu'il
entend ici par *mode*. Les huit *modes* de l'Église semblent
être la base de son raisonnement.

sons inventés par l'ignorance pour cacher au public la faiblesse de tant de chanteurs et de cantatrices; ils reprendront l'harmonie instrumentale qui s'est perdue : les airs seront composés plutôt pour les chanteurs que pour les instrumentistes; la partie vocale n'aura plus la mortification de céder sa place aux violons; les soprani et les contralti ne chanteront plus, en dépit de mille octaves, les airs écrits pour des basses; finalement ils feront entendre des airs plus agréables et moins semblables, plus naturels et plus chantables, plus étudiés et moins fatigants, et d'autant plus nobles qu'ils s'éloigneront du vulgaire. Mais déjà je m'entends dire que la liberté théâtrale est vaste, que la mode plaît et que ma témérité augmente. Et moi, ne devrais-je pas répondre que l'abus est intolérable, que l'invention est pernicieuse et que mon opinion est fort répandue? Serais-je donc le seul, parmi les vocalistes, à ne pas savoir que les bonnes compositions font bien chanter et que les mauvaises sont préjudiciables aux chanteurs? N'avons-nous pas vu plus d'une fois que la qualité de la composition a suffi pour établir la réputation d'un chanteur médiocre à l'aide de quelques airs, et aussi pour détruire celle d'un artiste qui avait acquis sa renommée par la force de son mérite? La musique composée par ceux qui ont de l'intelligence et du goût instruit celui qui étudie, perfectionne l'artiste et charme les auditeurs. Mais puisque nous sommes au bal, dansons.

Celui qui, le premier, a porté la musique sur le théâtre a pensé probablement la conduire aux triomphes et l'élever au trône ; mais qui aurait jamais pu s'imaginer que dans le cours de quelques années elle dût assister au spectacle funeste de sa propre tragédie ? Somptueux édifices des théâtres ! ceux qui vous regardent sans frémir ne pensent pas, ou ne savent pas, que vous avez été érigés sur les précieuses ruines de l'harmonie; vous êtes l'origine des abus et des erreurs ; c'est de vous que sont nés le style moderne et la multitude des faiseurs de *canzonnette ;* seuls, vous êtes cause qu'aujourd'hui il y a très-peu de musiciens assez fortement pénétrés des bons préceptes, pour qu'on puisse leur donner, avec justice, le titre si flatteur de maestro di cappella[1]. Le pauvre contrepoint ayant été condamné, par notre siècle corrompu, à mendier un morceau de pain dans l'église, pendant que l'ignorance fait *florès* au théâtre, la majeure partie des compositeurs a été contrainte, soit par avidité de l'or, soit par la dure loi de l'indigence, d'en abandonner l'étude ; ce qui prouve (si le ciel

---

1. *Maestro di cappella,* était autrefois le plus beau titre auquel pût aspirer un musicien. Les chanteurs, en Italie, donnent encore au compositeur d'un opéra le titre de *maestro,* comme marque de déférence.

ne vient pas au secours de cette belle science à
l'aide d'un maître habile qui la possède à fond, ou
de quelques autres qui en soutiennent précieuse-
ment les chers préceptes) que la musique, après
avoir perdu le nom de science et celui de fille
de la philosophie, courra le danger d'être réputée
indigne d'entrer dans le temple sacré du Seigneur,
et cela pour faire cesser le scandale d'y entendre
des gigues, des menuets et des fourlanes[1].

En effet, là où le goût est dépravé, qui pourrait distinguer la musique d'église de la musique
de théâtre, si l'on payait en entrant[2]?

Je renvoie l'élève qui veut bien chanter, à un
petit nombre de maîtres très-versés dans l'un et

1. *Fourlane,* danse qui était fort commune à Venise, surtout
parmi les gondoliers. La mesure est à $\frac{6}{8}$ et tient le milieu,
par la vivacité du mouvement, entre la loure et la gigue. Cette
danse est très-gaie et vient du *Frioul,* dont les habitants s'appellent *Fourlans.*

2. A cette époque, la musique d'église, en Italie, loin de
conserver cette majesté qui convient au temple du Seigneur,
était traitée de toutes les façons ; on voyait certains chanteurs
qui poussaient l'impudence jusqu'à chanter, dans les églises,
des airs d'opéras auxquels ils avaient adapté des paroles
latines. Cet abus n'était pas nouveau alors, car saint Augus-
tin le signale. Palestrina par sa belle messe, dite du pape
Marcel, a empêché que la musique ne fût bannie du temple
saint. Néanmoins on s'explique difficilement que le pape
Marcel, qui a régné 23 jours, ait eu le temps de songer à
bannir la musique de l'église.

dans l'autre style, et que le monde honore par de justes applaudissements. Si le nombre de ces maîtres n'était pas aussi restreint qu'on le croit et que je le pense, je demanderais pardon à ceux que je n'ai pas compris dans ce chapitre, espérant être facilement excusé, parce qu'une erreur involontaire n'offense personne et qu'un grand artiste n'a d'autre désir que celui de l'émulation. Les ignorants seuls ne connaissent pas l'indulgence ; au contraire, méprisant et haïssant tout ce qu'ils ne comprennent pas, ce sont eux précisément qui ne me feront aucun quartier.

Pour mon malheur, je demandai un jour à un de ces ignorants de qui il avait appris le contre-point : « Du clavecin, me répondit-il aussitôt. — Bon ; et en quel ton, ajoutai-je, avez-vous composé l'introduction de votre opéra ? — Quel ton, quel ton ? interrompit-il brusquement ; allez-vous me casser la tête avec ces questions qui sentent le moisi ? On comprend bien de quelle école vous sortez. Sachez, si vous l'ignorez, que l'école moderne ne connaît d'autres tons que ceux qui succèdent à l'éclair[1] ; et on se moque, avec

1. L'auteur fait ici un jeu de mots qui ne peut être rendu en français : *tuono,* qui veut dire proprement *tonnerre,* est une expression employée en musique pour indiquer le mot *ton :* c'est pourquoi l'ignorant répond qu'il ne connaît pas d'autres *tons* que ceux qui succèdent à l'éclair.

raison, de la sottise de ceux qui s'imaginent qu'il y en a deux, autant que de ceux qui en trouvent huit divisés en tons authentiques et en tons plagaux ; de plus, elle laisse prudemment à chacun la liberté de composer comme bon lui semble et comme il lui plaît. De votre temps le monde dormait ; ne soyez donc pas fâché si notre très-bizarre méthode l'a tiré de son sommeil par cette gaieté si agréable au cœur et qui invite à la danse. Réveillez-vous donc aussi avant de mourir, et allégeant votre dure cervelle du poids désagréable de tant d'idées saugrenues, faites voir que la vieillesse ne désapprouve pas les productions de la jeunesse ; autrement vous entendrez vos propres paroles revenir en arrière pour vous dire que l'ignorance hait tout ce qui est excellent. Les beaux-arts vont toujours en se perfectionnant, et si l'on prétendait me donner un démenti, la musique sera là pour me défendre l'épée à la main, car elle ne peut aller au-delà du point où elle est arrivée. Réveillez-vous, vous dis-je, et si vous n'êtes pas totalement dépourvu de jugement, écoutez-moi, et je m'engage à vous faire avouer que je vous parle avec sincérité. Si vous en voulez la preuve, écoutez ! — Que notre charmant style ait été inventé pour masquer, sous le beau nom de *moderne,* les enseignements trop difficultueux du contrepoint, on ne peut le nier.

Qu'il y ait, parmi nous, une loi irrévocable qui exile à perpétuité le pathétique, cela est très-vrai.

Mais que de vieux satrapes viennent nous dire que nous faisons, à l'envi les uns des autres, des fautes extravagantes qu'on n'a jamais entendues, c'est une maligne et noire imposture de ceux qui voient notre enthousiasme. Au diable l'envie ! En bonne conscience, vous voyez bien que l'estime que nous avons acquise, avec un plein succès, décide toute la question ; et si un musicien n'est pas de notre tribu, il ne trouve pas un seul protecteur qui le regarde, ni qui l'estime. Mais, puisque nous en sommes aux confidences et que nous parlons le cœur sur la main, dites-moi qui peut bien chanter ou bien composer sans notre approbation ? Vous le savez, il ne nous manque pas de moyens pour ruiner un chanteur, quel que soit son mérite ; trois mots suffisent pour l'anéantir : *il est ancien.*

Dites-moi, de grâce, sans nous, qui aurait jamais porté la musique au comble de la prospérité où elle est arrivée, par le moyen si simple d'enlever aux airs l'ennuyeuse rivalité des premiers et des seconds violons et des violes ? qui oserait nous contester cette gloire ? c'est nous, nous seuls qui, à force de talent, avons fait arriver la musique au degré le plus sublime, en lui enlevant aussi le bruit assourdissant des basses fondamentales ; de sorte que... (écoutez et apprenez) si

dans un orchestre il y avait cent violonistes, nous
sommes capables de composer de manière à ce
qu'ils jouent tous en même temps le même air que
chante le virtuose. Qu'en dites-vous ? Oseriez-
vous nous blâmer ? Oseriez-vous critiquer notre
très-agréable méthode qui n'oblige aucun de nous
à l'étude pénible des règles ; qui n'inquiète pas
l'esprit avec les angoisses de la musique spécula-
tive, et qui ne trompe pas par cette vaine connaissance qui prétend réduire en acte tout ce que l'on
ne peut soumettre à l'examen ; qui ne porte pas
préjudice à la santé ; qui charme les oreilles à la
mode ; qui trouve des personnes qui l'aiment et la
payent au poids de l'or ?

Que dirons-nous des sombres et très-ennuyeuses
compositions de ces hommes que vous vantez
comme les premiers de l'univers, bien que vous
n'ayez pas voix au chapitre ? ne vous apercevez-
vous pas que les *antiquailles* de ces lazzaroni
portent à la fainéantise ? Nous serions bien fous de
pâlir et de nous user sur les livres pour étudier
l'harmonie, les fugues et leurs renversements, le
contrepoint double, la multiplication des sujets et
leur réduction, pour faire des canons et beaucoup
d'autres choses ennuyeuses qui ne sont plus à la
mode, et, ce qui est bien pis, qui ne sont pas fort
dignes de louanges et ne rapportent guère. Qu'en
dites-vous maintenant, monsieur le critique ? avez-

vous compris? — Oui, monsieur. — Eh bien !
que me répondez-vous ? — Rien. »

Je suis bien étonné, ô très-chers chanteurs ! de
la profonde léthargie dans laquelle vous restez, à
votre grand préjudice. Vous devriez vous réveiller,
il en est temps, et dire aux compositeurs de cette
espèce que vous voulez chanter et non danser.

VIII

DES CADENCES

Les cadences qui terminent les airs sont de deux espèces. Les contrepointistes les désignent par le nom de cadence supérieure ou de dessus, et de cadence inférieure ou de dessous. Pour me faire plus facilement comprendre des élèves, je dirai que si, par exemple, une cadence était en C *sol fa ut* par B ♮ les notes de la première cadence seraient *la sol fa,* et celles de la seconde *fa mi fa*[1].

1. Il faut remarquer que notre auteur faisait toujours usage du système des *muances,* et qu'ici les trois notes de la cadence supérieure qui, dans ce système, portent les noms de *la, sol, fa,* prennent ceux de *mi, ré, ut* dans le système moderne ; il en est de même pour les notes de la cadence inférieure, qui par les *muances* se nomment *fa, mi, fa,* et que nous nommons *ut, si, ut* dans notre gamme moderne.

CADENCE SUPÉRIEURE.

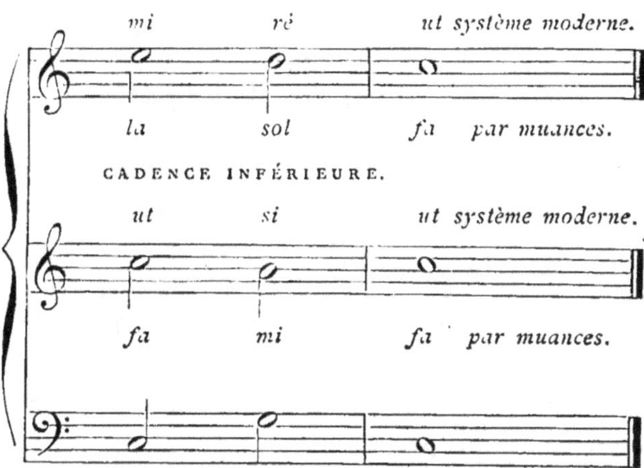

Dans les airs à voix seule, ou dans les récitatifs, le chanteur peut choisir celle de ces deux cadences qui lui plaît le plus; mais si les airs sont accompagnés par d'autres voix ou par des instruments, il ne peut changer la cadence supérieure pour la cadence inférieure, ni celle-ci pour celle-là.

Il serait superflu de parler ici des cadences rompues, parce qu'elles sont devenues familières même aux chanteurs, et qu'elles ne servent, le plus souvent, que dans les récitatifs.

Quant aux cadences à la quinte inférieure, le style ancien ne les admettait pas pour le soprano dans les airs à voix seule ou accompagnés par des instruments, si l'imitation de quelques paroles n'en faisait une obligation au compositeur.

Ces cadences, qui n'ont d'autre mérite que d'être les plus faciles, aussi bien pour le compositeur que pour le chanteur, sont aujourd'hui les plus usitées.

Dans le chapitre des airs, j'ai exhorté l'élève à fuir le torrent des passages à la mode, et je me suis même engagé à donner mon faible avis sur les cadences qui sont en usage ; me voici prêt à soumettre mon sentiment et toutes mes idées au tribunal sans appel de l'intelligence et du goût, afin que, souverains juges de notre profession, ils condamnent les abus des cadences modernes ou les erreurs de mon esprit.

Tout air a, pour le moins, trois cadences qui toutes trois sont finales [1]. En général, l'étude des chanteurs d'aujourd'hui consiste à terminer la cadence de la première partie, avec une profusion de passages *ad libitum,* et l'orchestre attend. Dans la cadence de la deuxième partie, on multiplie la dose au gosier, et l'orchestre s'ennuie; mais dans la réplique de la dernière cadence, on met le feu à la girandole du château Saint-Ange, et l'orchestre se fâche tout à fait [2].

---

1. La première cadence finale se faisait à la fin de la première partie de l'air la seconde à la fin de la seconde partie, et la troisième se faisait à la fin de la première partie, lorsque cette partie était reprise *da capo*.

2. En faisant allusion à la girandole du château Saint-Ange, notre auteur veut montrer combien était ridicule le

Mais pourquoi donc assourdir le public avec tant de passages? Je prie messieurs les modernes de me pardonner la trop grande liberté que je prends, en disant, en faveur de la profession, que le bon goût ne consiste pas dans la rapidité continuelle d'une voix errant sans guide et sans principes; mais qu'il se trouve dans le *cantabile*, dans la douceur du *portamento*, dans les appoggiatures, dans l'art, dans la qualité des *passi*, allant d'une note à une autre avec des surprises singulières et inattendues, en volant le temps (*con rubamento di tempo*) et sur le mouvement des basses[1]. Ce

déluge de notes que les chanteurs prodiguaient dans la dernière cadence.

« Autrefois on tirait un feu d'artifice, sur le haut de la terrasse du château Saint-Ange pour la fête de Saint-Pierre, et un autre pour l'anniversaire du couronnement du Pape. Ce feu d'artifice était un des plus beaux spectacles de l'Italie, et spécialement la dernière gerbe qu'on appelait la girandole ; cette girandole était composée de 45,000 fusées qui partaient toutes à la fois et se répandaient en parasol en éclairant l'horizon d'une manière frappante, tout autour du château Saint-Ange. Outre la girandole, il y avait encore différents autres artifices, gerbes, soleils, moulinets, cascades, serpenteaux, etc.

(*Voyage d'un Francais en Italie, fait dans les années 1765 et 1766.*)

1. *Rubamento di tempo*. Voici l'explication de cette expression que j'extrais d'une ancienne méthode de chant : « Les chanteurs italiens ont une manière de retarder le chant, ou de perdre l'exactitude de la mesure à volonté, tandis que l'orchestre continue son mouvement donné, qui fait un grand

sont là les qualités principales, indispensables, essentielles pour bien chanter, et que l'oreille ne peut trouver dans les capricieuses cadences des chanteurs d'aujourd'hui. J'ajouterai, d'après ce que m'a dit mon maître de solfége, que très-anciennement le style des vocalistes était insupportable à cause d'une quantité de passages qu'ils faisaient dans les cadences, toujours les mêmes, et ne finissant jamais, comme on l'entend encore de nos jours. Les passages devinrent si odieux, qu'au lieu d'être corrigés, ils furent bannis comme per-

effet lorsqu'elle est rendue avec goût et que le chanteur sait reprendre son aplomb. On ne peut pas donner d'exemple de cet effet de chant, il faut l'observer dans l'exécution. On peut appeler cette manière *vacillare,* qui signifie vaciller, hésiter, chanceler, balancer, être en suspens. »

Voici une critique publiée en 1754, qui se trouve trop en harmonie avec les préceptes donnés par Tosi, pour que je ne la reproduise pas ici.

« C'est la science et l'oreille, et non le goût, qui rendent le chanteur italien si formidable à l'orchestre, dont il est le tyran, par la facilité avec laquelle il fait, quand il veut, dans la valeur des notes, des changements imperceptibles qui, sans altérer la mesure, en rendent les différentes parties inappréciables à tout autre qu'à lui-même. Ces changements, dans les différentes parties de la mesure elle-même, sont opérés quelquefois très-involontairement par les chanteurs. A force de chercher de nouveaux traits, de nouvelles pensées, et de mépriser souverainement la trop grande simplicité de la note écrite, il arrive de temps en temps qu'ils se trouvent à une distance prodigieuse de l'orchestre. On a eu grand soin de nous dire que les musiciens d'Italie étaient si

turbateurs de l'oreille. Les passages et les cadences de nos jours auront le même sort, dès qu'un chanteur en renom donnera l'exemple, en ne se laissant plus séduire par les vaines louanges du public. Les chanteurs qui vinrent ensuite se firent une loi de cette réforme qui, peut-être, ne serait pas tombée dans l'oubli si ces artistes étaient encore en état de se faire entendre; mais l'opulence, la perte de la voix, l'âge et la mort ont privé la génération actuelle de ce qu'il y avait de plus admirable dans l'art du chant. Maintenant les

habiles et si fermes dans la mesure, qu'on ne la battait jamais à l'Opéra. Le fait est vrai, les instruments exécutent avec beaucoup de précision; les chanteurs, qui paraissent en fort petit nombre sur le théâtre, sont fort bons musiciens; il y a toujours à la tête de l'orchestre un premier violon, homme excellent, grand connaisseur en saillies, qui a le talent de les deviner de fort loin, la patience de les suivre avec une résignation parfaite, et dont les inspirations servent à guider les autres instruments. Mais on ne nous a pas dit que, malgré ces avantages, le maître de chapelle, compositeur de l'opéra, qui tient toujours le clavecin, est quelquefois si désespéré de la marche irrégulière des uns et des autres, que pour les remettre ensemble, il se lève et se rasseoit cent et cent fois avec une vivacité étonnante, et qu'il frappe avec tant de violence sur les claviers, qu'avant la fin de l'opéra il brise une bonne partie des sautereaux et casse la moitié des cordes. On a vu des clavecins, tenus par Jomelli et par d'autres, être si délabrés après une seule représentation, qu'on était obligé de les remplacer pour le lendemain. »

(Réflexions d'un Patriote sur l'opéra français et sur l'opéra italien.)

chanteurs se moquent ouvertement de la réforme des passages dans les cadences, et des réformateurs ; ils ont même rappelé ces passages de l'exil, et ils les ont remis sur la scène avec quelques ridicules de plus, afin de les faire passer, dans l'opinion des sots, pour des inventions nouvelles ; ces chanteurs gagnent ainsi des sommes énormes, et se soucient fort peu que leurs moyens aient été abhorrés et détestés pendant dix ou douze lustres, et même pendant des siècles. Et qui oserait les blâmer ? ni l'envie, ni la folie n'oseraient le faire.

Cependant si la raison, qui n'est ni envieuse ni folle, les appelait aux secrètes confidences du cœur et leur disait à l'oreille : « Comment osez-vous usurper le titre de modernes si vous chantez à la manière la plus ancienne ? Vous croyez peut-être que c'est le flux de votre gosier qui vous vaut la richesse et les louanges ? Détrompez-vous, et rendez grâce au grand nombre de théâtres, à la pénurie de sujets distingués et à la stupidité de ceux qui vous écoutent, » que répondraient-ils ? je ne sais. Mais revenons à des comptes plus serrés.

Messieurs les modernes, pouvez-vous dire que vous ne vous moquez pas les uns des autres, lorsque, dans les cadences, vous recourez à la longue et interminable enfilade de vos passages, pour mendier les applaudissements de l'aveugle ignorance? Vous donnez à ce flux de notes le nom *d'aumône* faite au public, tout en demandant pour vous-même, comme par charité, quelques applaudissements, qu'en toute justice, vous savez ne pas mériter; en récompense, vous tournez en dérision vos propres admirateurs quand ils n'ont pas assez de mains, de voix et de pieds pour vous applaudir. Où est la bonne morale? où est la gratitude? Et si jamais vos protecteurs s'en apercevaient, chanteurs tant aimés!

Si les abus de vos cadences vous sont utiles, ils sont très-pernicieux pour la profession, et vous êtes d'autant plus coupables que vous les commettez de sang-froid et avec une parfaite connaissance de vos erreurs. Pour votre avantage, désabusez le monde et employez à des choses plus dignes de vous le beau talent que Dieu vous a donné. Cela dit, je reviens à mes opinions avec plus de courage.

Je voudrais bien savoir pour quel motif certains modernes en renom, et même en très-grand renom, font toujours le trille sur la tierce supérieure de la note finale dans les cadences supérieures, puisque le trille qui, dans ce cas, doit se résoudre, ne peut le faire à cause de cette même tierce qui, étant la sixte de la basse, ne le permet pas, ce qui fait que les cadences restent sans résolution :

Quand même ils croiraient que les meilleurs enseignements dépendent de la mode, il me semble qu'ils devraient quelquefois demander à ·leur oreille si elle est satisfaite d'un trille battu sur la septième et la sixte de la basse faisant cadence; j'ai la certitude qu'elle dirait non.

Les règles des anciens nous apprennent que le trille doit être préparé dans les mêmes cadences sur la sixte de la basse, afin qu'il puisse se faire entendre sur la quinte, qui est sa véritable place :

Quelques autres chanteurs du même rang font ces cadences à la manière des basses, c'est-à-dire sur la quinte inférieure avec un passage de notes rapides descendant par degrés conjoints; ils croient bien chanter ou couvrir les octaves, qui malgré cela s'entendent toujours, quoique cachées.

Je tiens encore comme certain que, dans n'importe quelle cadence, les bons chanteurs ne peuvent former ni trilles, ni passages sur la pénultième syllabe des mots comme ceux-ci : *confonderò, amerò,* etc.,

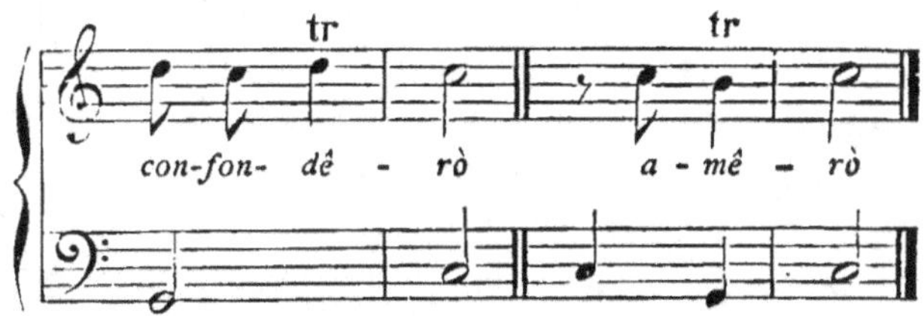

parce que ces ornements ne conviennent pas sur les syllabes brèves, mais bien sur les précédentes.

Beaucoup de chanteurs de second ordre terminent les cadences inférieures à la française, c'est-à-dire sans trille, soit qu'ils ne sachent pas le faire, soit pour copier ces cadences avec plus de facilité, ou pour chercher quelque chose qui leur vaille, en apparence, le titre de modernes :

Ces chanteurs se trompent, car les Français ne se privent du trille dans les cadences inférieures que dans les airs pathétiques ; tandis que nos Italiens, habitués à exagérer les modes, excluent le trille de tous les airs, même des airs gais où il est obligé. Je sais qu'un chanteur de mérite peut, avec raison, s'abstenir de faire le trille dans le *cantabile;* cependant il le peut rarement, car si une de ces cadences est tolérable sans cet agréable ornement, il est absolument impossible de ne pas se fatiguer, à la fin, de tant de cadences qui meurent de mort si prompte.

J'entends tous les modernes (amis ou ennemis du trille) aller aux susdites cadences inférieures avec une appoggiatura à la note finale, et sur la pénultième syllabe du mot :

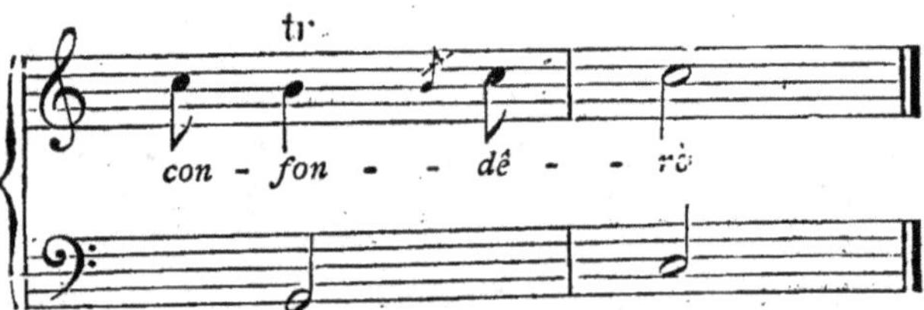

cela me paraît encore être une erreur, car il me semble que, dans ce cas, l'appoggiatura n'est agréable que sur la dernière syllabe ainsi, que le

8

faisaient les anciens, et comme le font aujourd'hui ceux qui savent chanter [1].

Si dans ces mêmes cadences inférieures les meilleurs vocalistes de nos jours croient ne pas faire de fautes lorsqu'ils font entendre la note finale avant celle de la basse, ils se trompent grossièrement; c'est une erreur capitale qui blesse l'oreille et les bons principes :

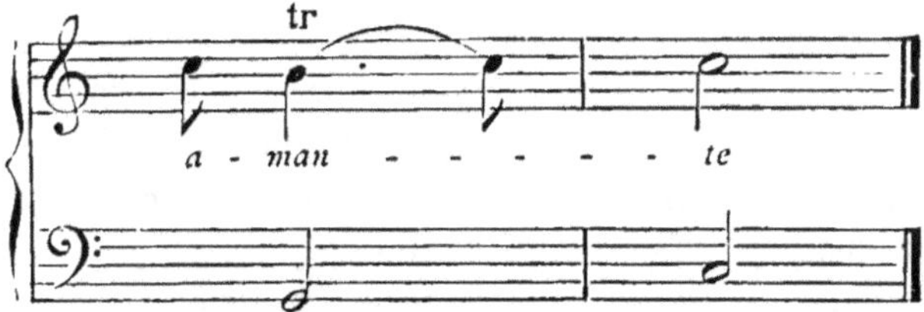

Cette erreur devient doublement sensible lorsqu'ils vont à cette même note finale avec l'appoggiatura qui, soit qu'elle monte, soit qu'elle descende, est toujours mauvaise si elle ne tombe pas après la note finale de la basse.

1. Il est bon de remarquer que l'*appoggiatura* ne peut être placée que sur les syllabes qui portent l'accent.

Mettre les auditeurs à la torture avec mille cadences, faites toutes sur le même modèle, ne serait-ce pas un défaut pire encore que tous les autres? D'où vient cette sèche stérilité, si tous les chanteurs savent que, pour se faire estimer dans leur art, l'abondance des expédients est le moyen le plus efficace?

Si, parmi toutes les cadences des airs, la dernière accorde au chanteur quelque *arbitrio* modéré qui permette de reconnaître le but de ces mêmes cadences, l'abus, dans ce cas, est tolérable; mais il devient exécrable quand un chanteur se met de pied ferme à soulever le cœur des connaisseurs intelligents avec ses ennuyeux gargarismes; on souffre alors d'autant plus, que l'on sait que les compositeurs laissent ordinairement, dans toute cadence finale, une note qui suffit à un ornement discret, sans qu'on aille le chercher hors de mesure, sans goût, sans art et sans intelligence [1].

Une plus grande stupeur me saisit quand je réfléchis qu'après avoir exposé toutes les cadences des airs de théâtre au martyre d'un mouvement perpétuel, le style moderne a encore la cruauté de condamner à la même peine, non-seulement les cadences des cantates, mais aussi celles de leurs récitatifs.

---

1. On voyait quelquefois des chanteurs faire une cadence fort gaie à la fin d'un air tendre et passionné, ou terminer un air gai par une cadence triste.

En ne faisant pas de distinction entre la musique de chambre et la musique de théâtre, peut-être les vocalistes prétendent-ils, par les gazouillements immodérés de la scène, provoquer de vulgaires applaudissements dans les palais des rois.

Un bon élève doit fuir cet exemple ainsi que les abus, les défauts et tout ce qui est commun et de mauvais goût, aussi bien dans les cadences que partout ailleurs.

Si l'art d'inventer des cadences particulières sans offenser la mesure a été une des plus dignes occupations de ceux que nous appelons anciens, le devoir de toute personne studieuse doit être de remettre cet art en usage, en s'efforçant d'imiter ces anciens dans la manière de savoir voler un peu le temps anticipé [1], et en se rappelant que les connaisseurs n'attendent pas pour admirer la beauté de cet artifice dans le silence des basses.

On entend encore dans les cadences une quantité d'autres erreurs qui, d'anciennes qu'elles étaient, sont devenues modernes; ces erreurs ont été ridicules et elles le sont encore. Si l'on considère que celui qui change le style ne l'améliore pas, on peut conclure que le mauvais se corrige par l'étude et non par la mode.

Maintenant laissons en paix, pour quelques

---

1. Voir la note *Rubamento di tempo,* pages 126 et 152.

instants, les opinions de ceux que l'on appelle Anciens, et celles des prétendus Modernes, pour examiner les progrès faits par l'élève, puisqu'il désire se faire entendre. Écoutons-le donc et ne lui refusons pas une instruction plus forte, afin qu'il arrive au moins à mériter le nom de bon chanteur, à défaut d'un plus beau titre.

IX

Voici le chanteur devant le public, grâce au fruit de l'étude à laquelle il s'est appliqué dans les leçons qui précèdent. Mais à quoi sert de se montrer en public? Celui qui n'occupe pas un rang distingué dans le grand théâtre du monde n'y fait d'autre figure que celle d'un vil comparse.

A voir la froide indifférence d'un très-grand nombre de vocalistes pour la profession, on peut en inférer qu'ils attendent que la musique, suppliante, implore de leur généreuse bonté la grâce d'être accueillie favorablement comme une très-humble et obéissante servante.

Si tant et tant de chanteurs n'étaient persuadés qu'ils n'ont plus besoin d'étudier, le nombre des bons artistes ne serait pas si minime et celui des mauvais serait moins considérable. Ces derniers croient être arrivés au *nec plus ultra* parce qu'ils savent quatre kyrie ; mais, si vous leur présentez une cantate facile et bien copiée, au lieu de satisfaire à leurs obligations avec empressement, ils vous diront avec une impudente désinvolture que les grands hommes ne sont pas obligés de chanter la langue vulgaire à première vue. Et qui ne rirait pas? Le musicien qui sait que, latines ou italiennes, les paroles ne font pas changer la forme des notes, voit tout de suite que la prompte réponse de ce grand homme vient de ce qu'il ne sait pas chanter à première vue, ou de ce qu'il ne sait pas lire, et il a deviné la triste vérité.

Il y a une infinité de chanteurs qui soupirent après le moment où ils pourront sortir des pénibles fatigues des premières études, pour avoir le bonheur d'entrer dans la foule des médiocrités ; mais si grâce à la divine Providence ils parviennent, avec le peu qu'ils savent, à rencontrer quelqu'un qui leur assure l'existence, ils tirent bien vite une très-belle révérence à la musique, et se soucient fort peu que le monde sache s'ils sont ou ne sont pas parmi les vivants[1]. Ceux-là ne croient pas que

1 A l'appui de ce qui précède je citerai un passage du *Traité de musique* de Thomas Morley, imprimé à Londres en 1597.

Dans la troisième partie de ce Traité, page 179, l'auteur, en parlant des *motets,* s'exprime ainsi : « Je ne sais

la médiocrité chez un chanteur est synonyme d'ignorance.

Il y en a d'autres qui n'étudient que les défauts, et qui, doués d'une merveilleuse facilité pour les apprendre tous, sont aussi favorisés d'une profonde mémoire, qui ne leur permet pas d'en oublier un seul. Leur goût les porte tellement vers ce qui est mauvais que, si par hasard la

quelles passions ou quels sentiments ils (*les motets*) peuvent exciter, par la manière dont les chantent la plupart des hommes, sans penser à la divinité et comme si c'était de la musique écrite pour des instruments, laquelle, tout en indiquant le caractère de la musique, n'élève jamais l'âme à ce sentiment religieux que seule la divinité peut inspirer. Mais assez sur ce chapitre. Pour en revenir à l'expression de la *divinité* je dirai qu'on en est arrivé aujourd'hui à ce point, que, quelque bien écrit que soit un chant et quelque bien approprié qu'il soit aux paroles, vous trouverez rarement des chanteurs qui le chantent en lui donnant sa juste expression. Aujourd'hui nos hommes d'église ne cherchent qu'à chanter plus fort que leurs voisins du chœur, sans penser à autre chose ; lorsqu'ils devraient, au contraire, s'occuper de bien étudier la prononciation, s'attacher à exprimer les paroles avec dévotion et avec un profond sentiment religieux, de manière à captiver les auditeurs comme s'ils étaient attachés par les oreilles, avec des chaînes d'or, au culte des choses sacrées. Vous chercheriez en vain ces qualités chez les chanteurs d'église qui, après vingt ans de pratique, ne chantent pas mieux que le jour de leur début. On dirait, vraiment, qu'ayant atteint le but qu'ils se proposaient, c'est-à-dire, de gagner leur vie, ils n'ont plus aucun souci, ni de leur réputation, ni de la bonne exécution, ni de la tâche à laquelle ils doivent leurs moyens d'existence. »

nature les a dotés d'une excellente voix, ils sont inconsolables s'ils ne trouvent pas le moyen de la rendre exécrable.

Un chanteur pénétré de sentiments meilleurs cherchera une société plus noble et plus choisie; il sentira le besoin d'acquérir d'autres lumières, de recevoir d'autres enseignements, et même d'avoir un autre maître. Avec l'art de bien chanter, il voudra apprendre de son nouveau maître l'art du savoir-vivre, qui consiste tout entier dans les convenances de la vie civile. L'art du savoir-vivre, joint à un grand mérite dans l'art du chant, lui permettra d'espérer la faveur des souverains et l'estime universelle.

S'il aspire à être considéré comme un jeune homme d'esprit et de bon sens, il ne doit être ni commun ni effronté.

Il doit fuir la société des personnes méprisables, ou de mauvaise réputation, et surtout se tenir éloigné de celles qui s'abandonnent à de scandaleuses licences.

Il doit éviter la fréquentation de tout chanteur, même de grand mérite, qui a des manières vulgaires et répréhensibles, et que le soin de sa dignité préoccupe moins que celui de faire sa fortune.

La meilleure compagnie est celle de la noblesse, de laquelle on apprend d'autant plus qu'elle est plus aimable ; mais, comme il n'y a pas de règle sans exception, là où le chanteur ne se trouve pas à sa place, il doit s'éloigner sans murmurer ; sa retraite parlera suffisamment pour lui.

Qu'il ne se plaigne jamais si les grands ne le récompensent pas : on gagne peu à se plaindre et on peut y perdre beaucoup ; le cas n'est pas rare. Le meilleur parti à prendre est celui de mettre encore plus d'attention à les servir, afin d'avoir au moins le plaisir de les voir une fois reconnaissants, ou de les rendre encore plus ingrats.

Mes longs et fréquents voyages m'ont mis à même de m'arrêter dans presque toutes les cours de l'Europe ; et les exemples, plus que mes paroles, devraient persuader à tout bon chanteur de les visiter, sans toutefois se laisser enchaîner par leurs trompeuses flatteries. Les chaînes, quoique d'or, n'en sont pas moins des chaînes, et toutes ne sont pas de ce précieux métal ; sans compter que le pain que l'on mange à la cour (quand il n'est pas fait avec la farine des maîtres et qu'on ne graisse pas la patte aux boulangers) est toujours pétri d'une certaine ivraie qui le fait paraître blanc au dehors ; mais il est si noir au dedans que, s'il ne se change pas en poison, il produit des effets tellement préjudiciables, qu'il enchante celui qui l'achète et rend aveugle celui qui le vend ; celui qui le mange n'étudie plus, et il trompe celui qui le croit éternel ;

ce pain, peu cuit pour la santé du corps, est trop cru pour le salut de l'âme.

Le siècle de la musique serait déjà arrivé à sa fin si les cygnes ne faisaient leur nid sur quelque théâtre d'Italie, ou sur les bords royaux de la Tamise. O chère Londres! les cygnes ne chantent plus sur les autres fleuves leur propre mort avec une suave douceur, comme ils avaient coutume de le faire ; mais ils pleurent amèrement celle de princes augustes et adorables dont ils étaient tendrement aimés et estimés. Aujourd'hui, *alia res sceptrum, alia plectrum.* C'est le cours ordinaire des affaires humaines et l'on voit journellement, par un décret divin, que tout ce qui se meut ici-bas, une fois arrivé au faîte, doit nécessairement décliner. Laissons les larmes au fond du cœur et parlons de ceux qui chantent.

Un chanteur prudent ne devra jamais laisser sortir de sa bouche, sans un motif plausible, ces malencontreuses paroles, qui n'inspirent que du dégoût et qui, cependant, sont toujours en usage : « Aujourd'hui je ne puis chanter, je suis enrhumé à mourir; » puis on ajoute : « veuillez m'excuser, » et on tousse un peu. Je pourrais affirmer que, dans ma longue carrière, je n'ai jamais pu entendre les vocalistes dire cette bienheureuse vérité, quoique la sincérité les y obligeât : « Aujourd'hui je me porte bien; » ils réservent cet intempestif aveu pour

le lendemain et ils vous disent alors sans difficulté :
« Je n'ai jamais été aussi bien en voix qu'hier. » Il
faut cependant avouer que, dans certains cas, le
prétexte est non-seulement excusable, mais même
nécessaire ; l'indiscrète parcimonie de celui qui
veut entendre la musique, ne lui en coûtât-il qu'un
simple remerciement, arrive à un tel point, qu'il
croit les chanteurs obligés de le servir immédiatement et gratis, et qu'un refus lui paraît être une
injure qui mérite sa haine et sa vengeance. Mais
s'il existe une loi humaine et divine qui veut que
chacun vive honorablement de son travail, quelle
est donc l'institution barbare qui condamne les
musiciens à travailler sans rémunération? O mau-
dite arrogance ! ô sordide avarice !

Un chanteur qui a l'habitude du monde sait
distinguer les ordres, et les différentes manières de
les donner ; il sait refuser sans désobliger et se
faire gloire d'obéir, n'ignorant pas que l'homme le
plus intéressé cherche quelquefois à servir sans
intérêt.

Celui qui chante, mû par le seul désir d'acquérir de la réputation, chante déjà bien, et avec
le temps il chantera encore mieux ; tandis que
celui qui ne pense qu'à l'argent suit la meilleure
voie pour n'être qu'un pauvre ignorant.

Qui pourrait croire (si l'expérience ne le prouvait
tous les jours) que la plus belle des vertus porte

préjudice au chanteur? En effet, là où triomphe l'ambition ou l'orgueil (je le dis avec horreur), plus la modestie du chanteur est grande, plus elle l'abaisse.

Il me semble, à première vue, que l'orgueil usurpe audacieusement la place de l'intelligence; mais, en y regardant de plus près, je m'aperçois que l'ignorance s'y cache sous le masque de l'orgueil.

L'orgueil n'est qu'un artifice gonflé par la politique pour cacher la faiblesse du talent; en voici un exemple : certains chanteurs n'auraient pas un aplomb si impertubable lorsqu'ils ont le malheur de ne pouvoir chanter quatre notes à première vue, si, avec une malicieuse effronterie, ils ne savaient donner à entendre au public, par certains mouvements des épaules, des yeux et de la tête, que les erreurs qu'ils commettent doivent être imputées à l'organiste (accompagnateur) ou à l'orchestre.

Pour humilier l'orgueil, il suffit de le priver des fumées de l'encens.

Qui chanterait mieux qu'un orgueilleux, s'il n'avait pas honte d'étudier?

Celui qui s'enorgueillit des premiers applaudissements qu'il reçoit, sans chercher à savoir s'ils viennent du hasard ou de la flatterie, est fou; s'il croit les mériter, il est perdu.

Celui qui ne règle pas sa voix selon les dimensions de l'endroit où il chante, doit se corriger, car ce serait une très-grande étourderie que de ne pas faire de distinction entre un vaste théâtre et un petit salon.

Il faut encore blâmer davantage celui qui, en chantant à deux, à trois ou à quatre parties, couvre la voix de ses camarades ; s'il ne pèche pas par ignorance, c'est alors quelque chose de pis.

Toutes les compositions à plusieurs voix doivent être chantées comme elles sont écrites, car elles n'admettent que ce qui est simple et noble.

Je me rappelle avoir entendu un fameux duetto qui fut mis en pièces par deux chanteurs émérites, lesquels, poussés par l'émulation à se proposer et à se répondre alternativement, en vinrent à terminer ce duo par une lutte à qui ferait le plus de sottises.

La censure des amis sincères enseigne beaucoup ; mais la critique rageuse des malveillants est encore plus profitable, attendu que, plus elle est attentive à découvrir les défauts, plus est grand le profit qu'on peut en tirer sans être l'obligé de personne.

Tout chanteur doit tenir pour certain que les erreurs corrigées par nos ennemis le sont si bien qu'elles ne laissent aucune trace et qu'elles disparaissent bien vite de la vue et de la mémoire ; mais les fautes que l'on corrige soi-même deviennent incurables ou laissent des cicatrices éternelles qui menacent, à tout moment, de se rouvrir.

Celui qui n'est applaudi que dans une seule contrée ne doit pas se faire illusion sur son savoir ; ce n'est qu'en changeant souvent de pays qu'il connaîtra plus sûrement l'étendue de son talent.

Pour plaire partout et à tous, la raison dit que l'on doit toujours bien chanter ; cependant, lorsque la raison se tait, l'intérêt conseillera toujours au chanteur de se conformer au goût de la nation qui l'écoute et qui le paye, pourvu toutefois que ce goût ne soit pas dépravé.

Si celui qui chante bien excite l'envie, il la confond en chantant mieux.

Je ne sais si un parfait vocaliste peut être aussi un parfait comédien, parce que l'esprit, divisé en même temps par deux opérations différentes, incline probablement plus d'un côté que de l'autre ; cependant, comme il est beaucoup plus difficile de bien chanter que de bien jouer la comédie, le mérite du chanteur doit prévaloir sur celui du comédien. Combien serait grand le bonheur de celui qui posséderait ces deux qualités au même degré de perfection !

Si j'ai dit qu'un chanteur ne doit plus copier, je le répète encore, par la raison que copier est le fait de l'élève et qu'inventer appartient au maître.

Le chanteur doit se rappeler que la paresse porte

à copier et que l'ignorance copie toujours mal.

Avant que l'intelligence jointe à l'étude parvienne à faire un bon chanteur, avec une seule copie l'ignorance en fait mille mauvais; cependant, pas un de ces derniers ne reconnaît avoir pris la copie pour guide.

Si un grand nombre de cantatrices (parmi lesquelles je respecte celles qui le méritent) s'apercevaient qu'elles sont devenues mauvaises pour en avoir copié une bonne, elles ne s'exposeraient pas à se faire ridiculement bafouer sur tous les théâtres, en affectant de chanter, avec les mêmes *passi,* les airs des cantatrices qu'elles copient. Leur méprise est si grande (quand elle n'est pas imputable à leurs maîtres) qu'elles se laissent plutôt guider par l'instinct des moutons et des grues, que par la raison qui leur fait voir qu'on arrive aux succès par des chemins différents; en effet, les exemples passés et présents nous montrent qu'aujourd'hui encore, deux chanteuses ne peuvent être sublimes au même degré si l'une copie l'autre [1].

1. Notre auteur fait allusion à la Cuzzoni et à la Faustina, deux célèbres chanteuses entre lesquelles s'était établie une ardente rivalité. Voici ce que Mancini dit de ces deux cantatrices dans son livre intitulé : *Pensieri e Riflessioni pratiche sopra il canto figurato.* « Faustina Bordoni, femme du célèbre maître Jean Hasse, dit le Saxon, naquit en 1700 à Venise, où elle apprit l'art du chant sous la direction de Michel Aug. Gasparini, de Lucques. La Faustina, bien guidée par ce

Si les égards que l'on doit au beau sexe ne font pas pardonner aux femmes l'abus de copier, alors que la profession en souffre, que devra-t-on dire de ces vocalistes qui, au lieu d'inventer, copient en entier, non-seulement les airs des hommes, mais aussi ceux des femmes? O profond aveuglement qui obscurcit la lumière du bon sens! En suppo-

maître, se forma une méthode rare, consistant dans une voix légère, claire, et pure, dont elle usa avec une facilité sans exemple, ce qui lui attira des applaudissements dès qu'elle parut en public. Son genre de légèreté était d'autant plus précieux, qu'elle soutenait un trait avec des notes de trois et même de six et les conduisait avec la juste proportion sans jamais languir, ni en montant, ni en descendant, donnant les nuances nécessaires pour la perfection d'un passage. La Faustina réunissait toutes ces qualités au point qu'elle ne put jamais être imitée par personne. Outre ce talent, qui lui était vraiment naturel, elle possédait tout autre genre d'agilité, et y joignait un trille prompt, ferme et mordant. Elle avait une intonation parfaite, une manière assurée d'unir et de soutenir la voix, et l'art très-fin de conserver et de reprendre la respiration. Tous ces dons, sublimes en elle, furent le fruit du travail assidu à l'aide duquel elle développa ses dispositions naturelles, et se mit en état d'exécuter avec facilité et perfection toutes les choses requises par les règles de l'art.

« La Cuzzoni, née à Parme, fut élève de Lauzzi, sous la direction duquel elle devint une cantatrice très-renommée, étant douée d'une voix angélique, tant par la netteté et la suavité que par un excellent style. A un chant uni et lié, elle joignait un port de voix si parfait et une telle égalité de registre, qu'en même temps qu'elle ravissait tous les esprits elle inspirait de la vénération et de l'estime; il ne manquait à la Cuzzoni rien de ce qui est nécessaire pour être véritable-

sant, par impossible, qu'un chanteur arrive à copier
si parfaitement qu'on ne puisse reconnaître la copie
de l'original, peut-être croira-t-il pouvoir s'attribuer un mérite qui ne lui appartient pas, et se
parer des habits d'autrui sans craindre d'en être
dépouillé [1].

Celui qui en musique sait copier, ne prend que

ment grand : elle avait une légèreté suffisante, et elle possédait
à un tel point l'art de conduire la voix, de la soutenir, de la
renforcer, de la retirer avec les gradations nécessaires, qu'on
lui donnait, à juste titre, le nom de *maître*. En exécutant un
cantabile, elle avait soin de l'orner dans les endroits convenables, d'en ranimer le chant (sans préjudice de l'expression)
avec des petits groupes variés et choisis ; elle variait aussi tous
les traits, tantôt en les liant, tantôt en y ajoutant des trilles
et des mordants, en les détachant, en les soutenant, en les
séparant par quelques tirades redoublées, ou par des fusées
liées, depuis les tons graves jusqu'aux tons aigus. Sa voix
était tellement accoutumée à une exécution exacte, qu'elle ne
rencontrait jamais d'obstacles qu'elle ne surmontât heureusement. Elle traitait les cordes aiguës avec une justesse sans
égale ; son intonation était parfaite ; elle avait le don d'un
esprit créateur, et un discernement juste pour choisir les choses
particulières et nouvelles, laissant celles qui étaient communes
ou usuelles ; aussi son chant devint-il sublime et rare. Lors
de son premier séjour à Londres, elle épousa Pierre Sandoni,
célèbre maître de chapelle, et grand virtuose sur l'orgue et le
clavecin. »

1. On entend par copier, le plagiat d'un chanteur qui s'ap-
proprie des passages entiers d'autres chanteurs, pour les faire
passer pour siens, comme s'ils étaient de son invention. On
désigne par imitation ce qui consiste à suivre l'exemple d'autres
chanteurs, en les prenant pour modèles. En cela on distingue

le dessin, parce que l'ornement que l'on admire lorsqu'il est naturel perd immédiatement toute sa beauté s'il est artificiel [1].

L'artifice le plus digne d'un chanteur doit être de s'imiter et non de se copier, et encore à la condition que l'imitation ne ressemble en rien à l'original; sans cela, au lieu d'une belle imitation, il ne fait qu'une mauvaise copie.

Je ne sais si l'on doit mépriser davantage celui qui ne sait pas imiter sans charge un bon chanteur, ou celui qui ne sait bien imiter que les mauvais chanteurs.

Si beaucoup de chanteurs savaient que la mauvaise imitation est un mal contagieux qui n'atteint pas celui qui étudie, le monde ne serait pas réduit au malheur de ne voir qu'un seul théâtre pourvu d'excellents sujets pendant le carnaval, et cela sans espoir d'un remède prochain à cet état de choses. Mais, tant pis! que le monde apprenne à louer le

l'imitation libre et l'imitation servile; l'imitateur servile peut être un homme de talent, tandis que l'imitateur libre peut suivre les inspirations et les élans de son génie.

1. On appelle *dessin* l'invention et la disposition des parties essentielles d'une composition musicale qui, liées ensemble, lui donnent du caractère et de l'expression. Le dessin, étant une des qualités les plus importantes dans un ouvrage, exige de la part du compositeur la plus grande attention; car sans une distribution bien entendue et sans une juste proportion dans toutes les parties, le dessin sera toujours imparfait.

mérite et à ne pas sucrer le blâme, pour me servir d'une locution modeste [1].

Celui qui ne sait pas *voler le temps* en chantant, ne sait ni composer, ni s'accompagner, et reste privé du meilleur goût et des plus grandes connaissances [2].

Il rubamento di tempo (le vol de temps) dans le pathétique, est un glorieux larcin que se permet un chanteur habile, à la condition que l'intelligence et le goût en feront une belle restitution.

Un exercice non moins nécessaire que le précédent est l'étude agréable du port de voix, sans lequel toute application est vaine. Celui qui veut

---

1. Dans les principales villes d'Italie, le carnaval était un temps de fête publique toujours brillante, pendant lequel toutes sortes d'amusements étaient permis. Le carnaval à Venise était le plus brillant et amenait dans cette ville une immense quantité d'étrangers qu'on évaluait à 30,000 environ. C'est ordinairement pendant le carnaval que l'on jouait l'opéra sérieux. Pendant le reste de l'année, on jouait l'opéra-bouffe et les farces.

2. *Rubare il tempo*. Par voler le temps, l'auteur veut parler des airs tendres et pathétiques dans lesquels, pendant que la basse marchait d'un mouvement régulier, le chanteur retardait ou anticipait sur les temps d'une mesure, en vue de l'expression, mais revenait aussitôt à l'exactitude de la mesure pour reprendre le mouvement régulier de la basse. Il n'est pas possible d'indiquer la manière de faire ces retards et ces anticipations; l'expérience, la pratique et le goût seuls peuvent guider le chanteur dans cette partie difficile de l'art. (Voir la note, page 126.)

l'acquérir doit écouter la voix du cœur plus que les préceptes de l'art.

Que le cœur est un grand maître! Pénétrez-vous bien de cette vérité, chanteurs bien-aimés, et avouez, par reconnaissance, que vous ne seriez pas les premiers dans la profession si vous n'aviez pas écouté sa voix; dites qu'en peu de leçons il vous a enseigné l'expression la plus belle, le goût le plus fin, le geste le plus noble et l'artifice le plus ingénieux; dites (quoique cela ne soit pas croyable) qu'il corrige les défauts de la nature, puisqu'il adoucit la voix rude; qu'il améliore celle qui est médiocre et qu'il perfectionne celle qui est bonne; dites que, quand le cœur chante, vous ne pouvez mentir et que la vérité acquiert une plus grande force persuasive; enfin, dites hautement (puisque je ne puis le dire moi-même) que, du cœur seul, vous avez appris ce je ne sais quoi, ce charme inconnu qui s'infiltre de veine en veine et pénètre jusqu'à l'âme.

Bien que le chemin du cœur soit long, difficile et connu seulement du petit nombre, il n'oppose pas de difficultés insurmontables à celui qui ne se lasse pas d'étudier.

Le premier vocaliste du monde étudie toujours, et il étudie autant pour soutenir sa réputation qu'il l'a fait pour l'acquérir.

Chacun sait que l'étude est le seul moyen pour

arriver à ce but glorieux; mais cela ne suffit pas, il faut aussi savoir comment et avec qui on doit étudier.

Aujourd'hui il y a, dans toutes les branches de la musique, autant de maîtres que de musiciens; chacun enseigne, mais on se garde bien d'enseigner les premiers éléments; ce serait blesser la vanité dans sa partie la plus sensible. Je parle ici de ceux qui prétendent s'ériger en législateurs dans l'art le plus fini du chant; et nous nous étonnerons si le bon goût se perd et si notre profession marche vers l'abîme! Une si dangereuse témérité règne également chez ceux qui croient qu'il suffit d'ouvrir la bouche pour chanter, et chez les instrumentistes les plus infimes qui, sans avoir jamais su chanter, sans avoir jamais chanté, prétendent non-seulement instruire, mais même perfectionner les autres dans l'art du chant; et ils trouvent des sots qui ont la stupidité de les croire! A leur tour, les instrumentistes de quelque habileté, tombant dans une plus grande erreur, s'imaginent que les beaux passages qu'ils exécutent avec leurs doigts produisent le même effet s'ils sont exécutés avec la voix. Je serais le premier à condamner la sévérité de ma critique, si elle devait offenser les chanteurs et les instrumentistes honorables qui savent chanter et enseigner; mais je la maintiens parce que, dans mon intention, elle vise à corriger directement l'arrogance des incapables par ces simples mots : *age quod agis,* qui signifient pour celui qui ne sait pas le latin : Toi, apprends à solfier, et toi à jouer de ton instrument [1].

Si quelquefois il arrive qu'un mauvais maître fasse un excellent élève, il est incontestable que les dons naturels de celui-ci sont supérieurs à l'insuffisance du maître; et il ne faut pas s'en étonner, car si de temps en temps on ne surpassait pas les meilleurs maîtres, les beaux-arts seraient bientôt tombés dans l'oubli.

Beaucoup de personnes s'imaginent que tout parfait chanteur doit être également excellent maître. Il n'en est pas ainsi. Quelle que soit l'intelligence d'un chanteur, elle est toujours insuffisante

---

1. Une des découvertes dont les musiciens de cette époque croyaient pouvoir s'enorgueillir, dont ils se servaient avec le plus de plaisir sur le théâtre, et qui recevait le plus d'applaudissements, c'était de faire aller ensemble dans un air une voix avec un hautbois, ou avec un cor de chasse ou une flûte, et de leur ménager à différentes reprises un combat sans fin, et un duel à outrance.

Burney, (*De l'État présent de la musique en France, en Italie, dans les Pays-Bas, en Hollande et en Allemagne*) rapporte l'anecdote suivante, qui montre jusqu'où fut poussé l'abus de la virtuosité : « Carlo Broschi, surnommé Farinello, né à Naples en 1705, n'avait que dix-sept ans lorsqu'il quitta sa ville natale pour aller à Rome. Là, à la représentation d'un opéra, il avait chaque soir une discussion avec un fameux joueur de clarinette, dans un air accompagné par cet instrument. Cela n'avait paru d'abord qu'amitié et pur badinage,

si elle n'est accompagnée de certaines qualités communicatives propres à l'enseignement; s'il n'a pas une méthode qui puisse être appliquée aux facultés de l'élève; s'il n'a pas quelque connaissance du contrepoint; s'il ne sait pas rendre la leçon agréable et s'il n'a pas l'habileté de faire ressortir les qualités de l'élève et de couvrir sa faiblesse : telles sont les conditions principales et les plus nécessaires pour enseigner.

Un maître qui possède ces précieuses qualités peut se livrer à l'enseignement; avec elles il fera naître le goût de l'étude; par ses explications il corrigera les fautes, et par de bons exemples il excitera l'élève à l'imiter.

Il doit savoir que la stérilité dans les ornements déplaît autant que la prodigalité, et qu'un chan-

jusqu'à ce que le public eût pris parti dans la dispute. Chacun de son côté enflait un son, dans lequel il montrait le pouvoir de ses poumons, et l'un tâchait de rivaliser avec son camarade pour le brillant et pour la force. Un jour, ils eurent tous deux ensemble un renflé et une cadence à la tierce qui fut tenue si longtemps (et dont le public attendait la fin avec peine), que tous deux parurent épuisés. La clarinette, qui l'était en effet, céda, persuadé que son antagoniste ne le serait pas moins que lui, et que ce serait un combat indécis, lorsque Farinelli, avec un sourire sur le visage, montrant qu'il n'avait voulu que badiner pendant tout le temps de la dispute, éclata tout à la fois avec une nouvelle vigueur, et non-seulement il enfla et attaqua la note, mais il parcourut les divisions les plus rapides et les plus difficiles, et ne finit que parce qu'il fut interrompu par les acclamations de l'auditoire. »

teur fatigue autant avec l'une qu'il ennuie avec
l'autre ; aussi détestera-t-il davantage le premier de
ces défauts, quoiqu'il offense moins, et bien qu'il
soit plus facile de se corriger du second.

Il n'aura aucune estime pour ceux qui ne possèdent d'autre artifice que les passages par degrés
conjoints, et il dira que des embellissements de
cette espèce, que par une juste comparaison on
appelle fusées (*razzi*), sont bons pour des commençants.

Il n'estimera pas davantage ceux qui pensent
faire tomber les auditeurs dans une langoureuse
pamoison, en passant arbitrairement de la tierce
majeure de la basse à la tierce mineure.

Il traitera de chanteur médiocre celui qui, au
théâtre, enseigne de soir en soir tous ses airs à
l'auditoire, lequel, à force de les entendre toujours
sans le moindre changement, n'éprouve aucune
difficulté à les apprendre par cœur.

Il sera effrayé de la hardiesse de celui qui s'aven-
ture avec peu de pratique, et une étude encore
moindre de la navigation musicale ; car dès que
l'air s'obscurcit, il perd la tramontane, et loin du
port il appelle à l'aide pour se sauver, tout en
courant grand danger de faire naufrage si l'on ne
vient pas à son secours [1].

1. Notre auteur, dont le style est fort imagé, fait ici allusion aux chanteurs qui, dédaignant de faire des études com-

Il n'approuvera pas celui qui a la prétention de chanter seul les deux tiers d'un opéra sans ennuyer, comme s'il avait le divin privilége de toujours plaire. Ce chanteur ignore les premiers éléments de la politique musicale; mais le temps les lui apprendra. Qui chante peu et bien, chante très-bien.

Il rira de celui qui s'imagine satisfaire le public par la magnificence de ses habits, sans réfléchir que l'ostentation extérieure grossit également le mérite et l'ignorance. Les vocalistes qui n'ont que l'apparence extérieure payent aux yeux la dette qu'ils ont contractée envers les oreilles.

Il n'entendra pas sans dégoût le style nauséabond inventé par ceux qui chantent comme les vagues de la mer, en poussant les pauvres notes avec d'affreux éclats de voix; ce défaut déplaisant et désagréable passe pour une rareté, parce qu'il nous vient d'outre-monts [1].

---

plètes, et se croyant fort habiles après quelques études faites avec beaucoup de légèreté, ne craignaient pas d'aborder le théâtre, restaient toujours de médiocres artistes et finissaient par tomber dans les comparses.

1. L'auteur fait allusion à la méthode française, qu'à cette époque les Italiens appelaient le *urlo francese* (hurlement français).

Aujourd'hui les Italiens n'ont rien à nous envier, ni à nous reprocher pour le *urlo;* il suffit d'entendre un opéra moderne au Théâtre-Italien ou à l'Opéra, pour comprendre combien la

Il sera fort étonné de ce siècle merveilleux où beaucoup de chanteurs et de cantatrices se font payer fort cher pour chanter mal. Si la mode avait bonne mémoire, elle ne se rappellerait peut-être pas avec plaisir, qu'il y a vingt ans ceux qui chantaient d'une façon médiocre ne représentaient que des personnages sans importance, sur les théâtres de second ordre, tandis qu'aujourd'hui ceux qui sont serinés comme des perroquets, gagnent des trésors sur les premières scènes.

Il blâmera d'autant plus l'ignorance des hommes, qu'ils sont obligés d'étudier plus que les femmes.

Il ne supportera pas le chanteur qui, sans tenir compte de la mesure, cherche à imiter les femmes pour acquérir le titre de Moderne.

Il sera fort surpris d'entendre ce chanteur qui, ayant une profonde connaissance de la mesure, ne

machine humaine a besoin de solidité pour résister aux violences auxquelles elle est soumise. Pauvre art du chant! où sont le charme, la douceur et l'expression avec lesquels tu captivais les auditeurs? Ce n'est pas sans être saisi d'une profonde tristesse que l'on pense à la décadence d'un art qui, fait pour charmer le cœur et répandre une douceur infinie dans l'âme, ne nous cause plus qu'une fatigue pénible par les violences auxquelles on contraint les voix. Il serait à désirer que l'on comprît enfin que l'expression dans le chant ne consiste pas dans l'exagération malsaine de la sonorité et de l'intensité vocales, et qu'un théâtre n'est point une arène où chacun doit lutter de vigueur et enlever le succès à la force des poumons.

sait pas la mettre à profit, parce qu'il ne s'est jamais appliqué à l'étude de la composition, ni à celle de l'accompagnement.

Son erreur lui fait croire que, pour être un grand homme, il suffit de chanter à première vue, et il ne s'aperçoit pas que la plus grande difficulté et la beauté de la profession consistent précisément dans ce qu'il ignore; il lui manque cet art qui enseigne à anticiper sur le temps pour savoir le perdre, ce qui est un produit du contrepoint, mais qui charme moins que l'art de savoir le perdre pour le rattraper; artifice ingénieux de celui qui connaît la composition et qui est doué de bon goût.

Il n'aura que du mépris pour celui qui fait traduire en latin les paroles des airs les plus lubriques du théâtre afin de pouvoir les chanter à l'église avec succès, comme s'il n'y avait aucune différence entre les deux styles et qu'il fût convenable d'offrir à Dieu les restes de la scène [1]!

Que ne dira-t-il pas de celui qui a trouvé l'art prodigieux de chanter comme les grillons? Qui se serait jamais imaginé, avant l'introduction de cette mode, que dix ou douze croches à la file pourraient être roulées l'une après l'autre au moyen d'un certain tremblement de la voix qui, depuis

---

1. Ceci se faisait souvent dans les oratorios et quelquefois dans les motets.

quelque temps, passe sous le nom de *Mordente fresco?*

Il sera encore plus fortement porté à détester l'invention de rire en chantant, ou celle de chanter comme les poules quand elles ont pondu. N'y aurait-il pas encore d'autres petits animaux dignes d'être imités, afin de jeter un peu plus de ridicule sur notre profession?

Il désapprouvera le malicieux procédé d'un chanteur renommé qui parle ou qui rit avec ses camarades sur le théâtre, pour faire croire au public qu'il ne trouve pas digne de son attention le chanteur ou la cantatrice qui débute et qui chante son premier air, et dont pourtant il redoute ou il envie les succès.

Il ne pourra tolérer la vanité de ce chanteur qui, plein de lui-même, malgré son peu de savoir, s'écoute avec délices, comme s'il allait tomber en extase. Idolâtre de sa propre personne, tyran d'intention avec tout le genre humain, il prétend imposer silence et commander l'admiration; dès les premières notes qu'il fait entendre, il semble dire au public : « Écoute et meurs ; » mais l'auditoire, qui prétend vivre sans se donner la peine de l'entendre, parle fort et peut-être peu avantageusement de lui. Le tumulte croît un peu au second air, il augmente encore au troisième, et le chanteur s'imaginant qu'on lui fait un tort manifeste, au lieu de se corriger, par l'étude, de sa malheureuse ostentation, maudit le goût dépravé de ce public qui ne l'estime pas; et le sot orgueilleux se console en menaçant l'auditoire de ne jamais revenir.

Il se moquera de celui qui refuse de chanter s'il n'a pas choisi le libretto et le compositeur qui lui plaisent, avec la condition expresse de ne jamais chanter avec tel artiste, ni sans le concours de tel autre.

Il verra avec un mépris semblable certains autres chanteurs qui, avec une humilité pire que l'orgueil, et sous le prétexte d'un profond respect, vont de loge en loge recueillir les félicitations des grands, et le lendemain, deviennent plus familiers que les épîtres de Cicéron.

L'humilité et la modestie sont les plus belles vertus de l'âme; mais, si elles ne sont pas accompagnées d'un peu de dignité, elles ressemblent à l'hypocrisie.

Il n'aura pas une grande opinion de celui qui, n'étant pas content de son rôle, ne l'apprend jamais; de celui qui ne chante pas sans intercaler dans tous les opéras un air qu'il porte toujours dans sa poche[1]; de celui qui fait un cadeau au compositeur, pour avoir un air qui a été écrit pour un autre; de celui qui étudie une foule de choses inutiles, et qui néglige les plus importantes; de celui qui, s'imposant par des recommandations imméritées, se fait tourner en ridicule lui et son protecteur; de celui qui ne soutient pas sa voix, par haine [du pathétique; de celui qui galope pour suivre la mode; et de tous les mauvais chanteurs qui, ne sachant pas ce qui est bon, courtisent la mode pour en apprendre les défauts.

En somme, il ne trouvera digne d'éloges qu'un chanteur correct, exécutant avec une abondance de moyens particuliers ce que son intelligence lui dicte à l'impromptu, sachant bien qu'un chanteur de premier ordre ne peut pas (quand même il le voudrait) répéter un air avec les mêmes *passi*. Celui qui chante d'une manière préméditée laisse voir qu'il a préparé sa leçon à la maison.

Après avoir corrigé d'autres abus et d'autres défauts au profit de celui qui chante, il cherchera à persuader au chanteur, par de bonnes raisons,

---

1. *Aria di baule,* disent les Italiens.

qu'il doit recourir aux règles fondamentales qui lui apprendront à opérer sur la basse, en allant à pas sûrs et mesurés d'un intervalle à l'autre, sans craindre de se tromper. Mais si le chanteur lui disait: « Monsieur, vous perdez votre peine, il ne me suffit pas de connaître les erreurs, il me faut d'autres exemples que des paroles, et je ne sais où les trouver, aujourd'hui que l'Italie me paraît dépourvue de bons maîtres ; » alors, haussant les épaules, il lui répondra en soupirant que si, à l'avenir, les vocalistes ne sucent pas la musique avec le lait, ou s'ils ne sont pas greffés comme les jeunes arbres, ils devront tâcher de chercher des exemples parmi les meilleurs chanteurs, et particulièrement chez deux femmes d'un mérite au-dessus de tout éloge, qui contribuent, avec un talent égal et un style différent, à soutenir notre chancelante profession, afin que, de la décadence où elle se trouve, elle ne tombe pas dans une ruine complète. L'une d'elles est inimitable, grâce à sa manière privilégiée de chanter, et d'enchanter le monde par une prodigieuse facilité d'exécution, un certain brillant singulier et un goût exquis qu'elle tient de l'art ou de la nature, je ne sais lequel, mais qui plaisent à l'excès. La noblesse du cantabile amoroso de l'autre, uni à la douceur d'une très-belle voix, une intonation parfaite, jointe à l'observation rigoureuse de la mesure et aux productions variées du talent, sont des dons

qui lui sont particuliers et difficiles à imiter. Le
pathétique de l'une, l'allegro de l'autre, sont les
qualités les plus admirables de ces deux cantatrices [1]. Quel admirable assemblage, si les qualités
merveilleuses de ces deux angéliques créatures pou-
vaient être réunies dans une seule personne! Mais
revenons au maître.

Le maître continuera à démontrer, avec zèle et
par des raisons infaillibles, que l'artifice d'un voca-

[1]. L'auteur parle encore ici de la Faustina et de la Cuzzoni,
qui étaient alors en Angleterre et qui avaient partagé en deux
camps la noblesse anglaise, sur leurs mérites respectifs.

Si Tosi accorde ici des éloges enthousiastes à la Faustina et
à la Cuzzoni, Castiglione, deux cents ans auparavant, parlait,
en termes tout aussi flatteurs, de deux chanteurs célèbres qui
vivaient de son temps. Le passage suivant de son *Cortegiano*,
ouvrage publié à Venise en 1528 et dans lequel il est souvent
question de musique et de musiciens, prouve qu'à cette
époque il y avait des chanteurs fort habiles : « ... il n'est
pas d'être animé qui ne renferme en soi bien des choses de
même nature et dissemblables entre elles. Voyez la musique,
dont les accents sont tantôt graves et lents, tantôt légers
et rapides, allant au cœur de diverses manières et par des
voies différentes. Cela est surtout sensible dans la manière de
chanter de Bidon, laquelle est si admirable d'artifice, de
promptitude, de passion, d'énergie, et nous offre des mélodies
si variées, que les esprits des auditeurs en sont émus et surex-
cités, et pour ainsi dire suspendus au ciel. Notre Marchetto
Cara ne nous émeut pas moins, mais il le fait par des mélodies plus douces; c'est avec une voix calme, et par de mélan-
coliques accents, qu'il nous attendrit, qu'il pénètre dans nos
cœurs en les remplissant d'une suave passion. »

liste n'est jamais plus enchanteur que lorsqu'il trompe les auditeurs par d'agréables surprises ; c'est pourquoi il conseillera au chanteur de recourir à une simplicité simulée, qui fasse croire que toute l'étude consiste dans cette ingénieuse pureté.

Lorsque l'auditoire n'espère plus rien entendre de nouveau et qu'il commence, pour ainsi dire, à s'assoupir, il doit conseiller au chanteur de le réveiller avec un *passo*.

Dès qu'il sera réveillé, le chanteur reviendra à sa feinte simplicité, quand même il ne lui serait plus possible de tromper ceux qui l'écoutent et qui attendent avec une impatiente curiosité un nouveau *passo* suivi de plusieurs autres.

Le maître l'instruira, avec une ample et nécessaire description, de la quantité et de la qualité des *passi*, afin de le pourvoir de lumières, de règles et de tous les avantages possibles.

Ici je devrais m'élever avec force contre l'infidélité de ma mémoire, qui n'a pas su conserver, dans toute leur vigueur, les précieuses prérogatives qu'un homme d'un grand mérite me découvrit à propos des *passi*; j'en suis réduit, à mon grand chagrin et peut-être au préjudice des autres, à l'humiliation de ne pouvoir publier que les quelques observations qui suivent, tristes restes de mes impressions.

X

DES PASSI[1]

Le *passo* étant la production la plus digne de louanges d'un bon chanteur et faisant les plus chères délices de ceux qui le connaissent, il est utile que celui qui chante mette la plus grande attention à apprendre l'art de le composer.

Qu'il sache donc que, pour former un *passo* parfait, la réunion de cinq qualités principales est nécessaire; ces qualités sont : l'intelligence, l'invention, le temps, l'artifice et le goût.

Il y a également cinq grâces inférieures ou

1. Le *passo* est un embellissement imprévu et fugitif, et non uniforme.

(Tiré de la traduction anglaise de Gaillard.)

accessoires qui concourent à embellir le *passo*; ces grâces sont : l'appoggiatura, le trille, le *portamento di voce*, le glissé (*scivolo*) et le traîné (*strascino*).

Les qualités principales enseignent : Que le *passo* ne peut être conçu que par une profonde intelligence, qu'il naît de la rare et singulière invention de la beauté de la pensée, lorsqu'elle s'éloigne de ce qui est familier et commun;

Que, gouverné par les rigoureux mais dignes préceptes du temps, il ne peut jamais s'écarter de sa mesure régulière sans perdre de sa valeur;

Que, guidé par l'artifice le plus achevé, c'est sur la basse, et non ailleurs, qu'il trouve son centre; là, il badine avec délices et passionne de la manière la plus inattendue;

Qu'il n'est permis qu'au goût le plus exquis et le plus délicat de procurer le plaisir immense de l'accompagner de ce suave *portamento di voce* qui enchante;

Par les qualités accessoires on apprend : Que le *passo* doit être facile en apparence, afin de charmer universellement;

Qu'il doit être difficile de fait, afin de faire admirer l'intelligence de l'inventeur;

Qu'il doit être également exécuté d'après l'expression des paroles et la beauté de l'art;

Qu'il doit être glissé ou traîné dans le pathétique, parce qu'il fait meilleur effet que s'il était battu ;

Qu'il ne paraisse pas avoir été étudié, s'il prétend ne pas être méprisé ;

Qu'il doit être adouci avec le *piano* dans le pathétique, ce qui le fera goûter davantage ;

Que dans l'allegro il doit être accompagné tantôt du *forte,* tantôt du *piano,* de manière à former une espèce de clair-obscur ;

Qu'il doit être limité à un groupe de quelques notes, ce qui plaira davantage que s'il était plus étendu ;

Que dans une mesure lente le nombre des *passi* doit être augmenté, si la basse le permet, avec obligation pour le chanteur de continuer son premier motif pour donner des preuves de ses capacités ;

Qu'il doit être placé avec goût, car s'il n'occupe pas la place qui lui convient, il déplaît ;

Qu'il doit être plutôt éloigné que voisin des autres *passi,* s'il veut être distingué ;

Qu'il doit être produit plutôt par le cœur que par la voix, afin de s'insinuer plus facilement dans tous les sens ;

Qu'il ne doit pas être exécuté sur la seconde ni sur la quatrième voyelles lorsqu'elles sont brèves, et encore moins sur la troisième et la cinquième ;

Qu'il ne doit pas être copié, s'il ne veut pas être défiguré ;

Qu'il doit être exécuté à *tempo rubato,* pour charmer l'âme ;

Qu'il ne doit jamais être répété au même endroit, particulièrement dans les airs pathétiques auxquels les connaisseurs prêtent une plus grande attention ;

Et que surtout il doit être meilleur, et non pas moins bon, dans les répétitions.

Beaucoup de chanteurs sont d'avis que dans le nombre des *passi,* il n'est pas possible de placer le passage battu, à moins qu'il ne soit accompagné de quelqu'un des ornements dont il a été parlé, ou coupé par une syncope ou par divers autres accidents de bon goût.

Mais il est temps de parler de la beauté du traîné, afin que si le pathétique revient jamais au monde, le chanteur puisse le comprendre.

L'explication serait plus facile à comprendre par des exemples de musique que par des paroles, si l'imprimerie n'avait pas de si grandes difficultés à reproduire les notes ; néanmoins, je chercherai à me faire comprendre le mieux possible.

Lorsque, sur le mouvement régulier d'une basse qui marche lentement de croche en croche, le chanteur commence par une note aiguë, en la traînant doucement vers le grave, avec le *forte* et le *piano,* presque toujours de degré en degré et avec une certaine égalité de mouvement, c'est-à-

dire en s'arrêtant un peu plus sur quelques notes
du milieu que sur celles qui commencent ou finis-
sent le traîné (*strascino*), tout bon musicien croit
indubitablement que l'art du chant le meilleur
n'offre pas d'invention ni d'étude plus propre à
toucher le cœur que le *passo;* à la condition, toutefois, qu'il soit formé avec intelligence et avec le
portamento di voce, sur le temps et sur la basse :

Celui qui possède une voix d'une grande étendue a plus d'avantages; car ce gracieux ornement
est d'autant plus admirable que sa conclusion est
grande.

Dans la bouche d'un soprano qui s'en sert
avec discrétion, cet ornement est d'un effet pro-

digieux ; mais s'il est très-agréable lorsqu'il descend, il déplairait beaucoup en montant.

Avez-vous compris, ô très-chers chanteurs qui étudiez ? Telle était, à peu près, l'école de ces chanteurs que les ignorants appellent Anciens par dérision. Observez-en exactement les lois, examinez-en les préceptes avec rigueur, et, si la prévention n'obscurcit pas votre esprit, vous verrez que cette école enseignait à entonner juste, à poser la voix, à faire entendre les paroles, à chanter avec expression, à réciter, à exécuter en mesure, à varier les mouvements, à composer, à étudier le pathétique, dans lequel seulement triomphent le goût et l'intelligence ; comparez cette école à la vôtre, et, si ces principes ne suffisent pas à vous instruire, apprenez le reste de l'École moderne.

Si mes exhortations, filles légitimes de mon zèle, n'avaient aucun crédit auprès de vous, par la raison que les conseils des inférieurs ne sont pas écoutés, sachez que celui qui a la faculté de penser peut avoir raison une fois en soixante années. Si vous vous imaginiez que mes conseils fussent empreints d'une trop grande partialité pour les temps passés, je vous conseillerais (pourvu que vous ayez un jugement sûr) de juger avec une appréciation juste vos vocalistes les plus renommés que vous estimez Modernes et qui ne le sont que dans les cadences; alors, désabusés, vous distinguerez en eux, au lieu d'affectation, d'abus et d'erreurs, la véritable Manière de chanter selon ces forts enseignements qui guident le plaisir jusqu'au plus profond de l'âme, et que mon cœur croyait avoir mis depuis longtemps au nombre de ses plus heureux souvenirs. Consultez ces vocalistes, comme je l'ai fait moi-même, et ils vous diront franchement et avec l'accent de la vérité, qu'ils vendent leurs joyaux où ils sont appréciés, que la mode n'existe pas parmi les hommes distingués, et qu'aujourd'hui on chante mal.

Nous avons encore aujourd'hui quelques chanteurs très-dignes qui, une fois les feux de leur première jeunesse calmés, se livreront à l'enseignement par obligation de conserver à notre belle profession toute sa splendeur, et pour laisser à la postérité un souvenir éternel et glorieux de leurs travaux. Je vous les montre du doigt, afin que, si vous commettiez quelque faute, les moyens de vous corriger ne vous manquassent point et que vous ayiez la bonne fortune d'entendre un oracle à chaque leçon. Voilà ce qui me donne le juste espoir que le bon goût dans l'art du chant ne finira qu'avec le monde.

10.

Quiconque arrive à être bien pénétré de tout ce qui lui a été démontré par ces observations et par beaucoup d'autres, n'a plus besoin d'être stimulé pour étudier. Poussé par le désir d'apprendre, il court à son cher clavecin et là, à force d'application, il comprend qu'il n'a pas lieu d'être grandement satisfait de ce qu'il a appris. Il fait de nouvelles découvertes en inventant des *passi*, parmi lesquels, après de sévères comparaisons, il choisit les meilleurs, dont il fait ses délices aussi longtemps qu'il les considère comme tels. Mais, son talent allant toujours en se perfectionnant, il en trouve d'autres qu'il aime et qn'il estime davantage ; enfin, il arrive à un nombre presque infini de *passi* qui lui ouvrent l'intelligence et font que les trésors les plus cachés de l'art et les plus éloignés de son imagination se présentent à son esprit avec tant de spontanéité que, si l'orgueil ne l'aveugle pas, si l'étude a pour lui des charmes et si sa mémoire ne le trahit pas, il augmentera le nombre des ornements du chant avec une méthode qui lui sera particulière, ce qui est l'unique but de tous ceux qui aspirent aux plus grands succès.

Finalement, ô jeunes chanteurs, écoutez-moi pour votre plus grand avantage. Les abus, les défauts et les erreurs que j'ai relevés dans ces observations et que j'ai attribués injustement au style moderne, je les avais presque tous ; et par la raison que tous ces défauts étaient les miens, il n'était pas facile que je pusse les reconnaître à l'époque de ma jeunesse où l'aveugle et haute opinion que j'avais de moi-même me faisait croire que j'étais un grand homme. La paresseuse désillusion arrive toujours dans l'âge mûr, mais hélas ! trop tard. Je sais que j'ai mal chanté ; Dieu veuille que je n'aie pas écrit plus mal encore ; mais, puisque l'ignorance me cause le préjudice et la peine, qu'elle soit au moins un exemple et qu'elle serve à corriger ceux qui croient bien chanter.

Celui qui étudie doit imiter l'abeille ingénieuse qui suce le miel des fleurs les plus agréables. On peut apprendre également de ceux que l'on appelle Anciens et de ceux que l'on croit Modernes ; il suffit pour cela de trouver la fleur et de savoir bien la distiller pour en extraire l'essence.

Les conseils les plus affectueux et les plus utiles que je puisse vous donner sont les suivants : Souvenez-vous de cette sage maxime : que le mérite médiocre est une éclipse qui obscurcit, seulement pour quelques instants, le sublime qui vieillit, mais qui ne meurt jamais.

Fuyez avec horreur l'exemple de ceux qui haïssent les conseils dont ils peuvent profiter ; ces conseils sont comme l'éclair, qui effraie, tout en l'éclairant, celui qui marche dans l'obscurité.

Étudiez les erreurs d'autrui ; c'est une grande

leçon, qui coûte peu et qui enseigne beaucoup; on apprend de tout le monde, et le plus ignorant est quelquefois le plus grand maître.

Les vérités et les roses ont des épines, mais elles ne piquent pas celui qui les cueille par les fleurs.

FIN.

TABLE

FIN DE LA TABLE

Paris. — J. CLAYE, imprimeur, 7, rue Saint-Benoît. [620]